平凡な記憶力から2年で日本一に

世界最強記憶術 場所法

記憶力日本一
平田直也

Discover
ディスカヴァー

はじめに

記憶は「ワザ」

私は、記憶力競技の日本チャンピオンです。

このような自己紹介をすると、「見たものをすべて覚えてしまうんですよね。すごいですね」といったことを言われます。写真を数秒見るだけで細部まで思い出すことができる、一度読んだだけで本を暗唱できる……。記憶力がすごい人のイメージは、おおよそこのようなところでしょうか。

残念ながら、私にはそのような特殊能力はありません。

しかし、次のようなことは、朝飯前です。

1行に10桁の数字がランダムに並んでいて、それが全部で10行、すなわち100桁の数字があります。これを1分で覚えるのです。

これを１分で覚える

9	7	7	2	0	9	8	3	3	1
5	5	0	5	2	6	7	3	8	0
6	9	4	3	4	8	4	3	4	9
0	4	9	0	7	2	4	9	4	3
0	4	9	7	5	4	4	1	1	4
6	5	2	4	7	1	4	5	1	2
2	9	6	8	0	9	3	2	0	0
3	1	2	0	2	7	3	3	6	2
5	3	4	1	1	7	5	7	8	1
9	3	0	0	9	7	6	1	8	7

時間をかければなんとか覚えられるという方もいらっしゃるかもしれませんが、1分で覚えるとなると、それこそ「生まれ持った特殊な記憶力がなければ無理！」そう思いたくなりますよね。

世の中には、先天的に素晴らしい記憶力を持っている方がいて、特別なことを意識しなくても、見たものをすべて覚えてしまうようです。

しかし、私には、本書を手に取ったほとんどすべての方と同じように、先天的な記憶の特殊能力は備わっておりません。だから、日常風景を逐一覚えてはいませんし、眼の前の光景を一瞬で写真のように記憶することもできません。

では、何がみなさんと違うのでしょうか？

それは、私が記憶するためのワザ、「記憶術」を知っていることです。

覚えようとするとき、私は、ただ、ぼーっと数字を眺めているわけではありません。詳しくは本書の中で紹介していきますが、1分間のうちに、変換表に従って数字を具体的な「もの」に置き換え、それを、あらかじめ用意してある頭の中の「場所」に順番に置いていっています。そして、思い出すときには、頭の中の場所を順番にたどるのです。

記憶の天才ではなく、達人を目指す

私は「記憶力が良い人」だとされていますが、それは正確な表現ではありません。というのも、私は、何でもかんでも覚えられるというわけではないからです。たとえば、同じ数字であっても、ふとすれ違った車のナンバープレートは、たった4桁であるにもかかわらず、覚えていません。

覚えようとするときは、意識的に、記憶術を使うスイッチを入れる必要があります。なので、「記憶力が良い人」ではなく、「記憶術を使うのが上手な人」というのがより正確な表現となります。

テレビなどで、数字を大量に覚えたり、人の顔と名前を一致させて覚えてぴしゃりと言い当てる「記憶の達人」を見たことがあるでしょう。

実は、彼らも、記憶術を使っています。生まれ持った特殊な能力であるかのような演出が加えられることも多いのですが、実際のところ、後天的に身につけた能力を披露しているだけなのです。

ごくまれに、過去に見た風景を鮮明に思い出せる「記憶の天才」が紹介されることがあります。そういった方たちは、先天的な能力を本当に持っているのだと思います。

ですが、私たちが目指すべきはそこではありません。記憶術というワザを身につけ、それを意識的に使って、覚えたいものをしっかりと覚えられるようになる。ここがゴールです。

生まれ持った才能がない限り、記憶の天才にはなれません。しかし、記憶術を身につけることで、記憶の達人になることはできます。

記憶術というのは、脳の仕組みを活用した、理論に基づく再現性のあるメソッドです。なので、誰でも、後天的に身につけることができます。特殊能力でも、怪しいものでも、精神論でもなく、単なるテクニックにすぎません。

記憶術＝大量のものを正確に効率的に覚える「ワザ」

本書を手に取っていただいたみなさんは、きっと「記憶力を伸ばしたい」と思っているはずです。ここで少し立ち止まって考えてみたいと思います。「記憶力」とはいったい何なのでしょうか？

「記憶力」には、実にさまざまな側面があります。日常の何気ないことを覚えている力であり、物忘れをしない力であり、また、大量のものを正しく覚える力でもあります。

記憶術が使えるのは、３つ目に挙げた側面での力になります。

私が、すれ違った車のナンバープレートは覚えられないのに、１００桁の数字を覚えられるのは、このためです。

本書を読み、記憶術を身につければ、大量のものを効率的に覚えられるようになります。

この目的は、多くの方が伸ばしたいと思っている記憶力のニーズと合致しているのではないでしょうか？

記憶術を身につけ、ものを大量に覚える力を向上させることは、日常生活に必ず役立ちます。

日々の生活やビジネスシーンで１００桁もの数字を覚えることはほとんどありませんが、クレジットカード番号や銀行の口座番号、電話番号など、数桁の数字を覚えておくと便利なシーンはいくつもあります。それだけではなく、記憶術を少し応用するだけで、プレゼン資料の順番や、本のあらすじを暗記することだってできてしまうのです。

本書は、睡眠学習や潜在意識を活用するといった怪しげな手法を紹介するものではありません。それどころか、しっかり寝てしっかり運動しましょうといった、即効性の低いＴＩＰＳを紹介するものですらありません（そういったことも大事ではあるのですが）。

本書でお伝えするのは、明日から使える具体的な記憶のワザです。このワザを身に着け、毎日の暮らしに役立てていただけたら幸いです。

もくじ

第2章 記憶力競技の世界

第7章 記憶術を日常生活に応用する

第1章

記憶術を使えば、誰でも記憶力を伸ばせる!

記憶力が上がると、いいことがたくさん

現在、デジタルデバイスがものすごい勢いで進歩してきています。言うまでもなく、自分で覚えるよりスマホで写真に撮ってしまったほうが楽です。

そのような時代背景の中、記憶力を高めていくことにどのような意味があるのでしょうか？

一つは、「はじめに」で紹介したような、覚えておくと便利な数字を、カードやメモを取り出すことなく思い出せることの便利さです。いちいち何かを手元に取り出さなければいけないというのは案外めんどうなもので、その煩わしさから解放されるだけでも、大きなメリットになります。もちろん、試験などの暗記にも役立ちます。

それ以外にも、自分の頭で記憶することには大きな意味やメリットがあると思っています。それは、「記憶力がさらに向上する」「発想力が向上し、脳をうまく使えるようになる」「覚えることが楽しくなる」の3つです。

記憶力がさらに向上する

記憶術は、私が考える記憶力の3つの側面（日常の何気ないことを覚えている力、物忘れをしない力、大量のものを正しく覚える力）のうち、大量のものを正しく覚える力を飛躍的に伸ばすものです。

自分の頭で記憶すればするほど、記憶力は向上していきます。覚えるクセをつけ、記憶術を身につけ、日々実践することで記憶力は格段に良くなります。

逆に、外部のデバイスに依存してばかりいると、記憶力はどんどん落ちてしまいます。

パソコンで文章を作成するようになり、漢字を書く機会が減り、漢字が書けなくなってしまうのと同じように、自分の頭で覚えることを放棄すると、新たに覚えようとしたときになかなか覚えられません。

完全にデジタルデバイスに頼れる世界になればそれで問題ないのかもしれませんが、現時点ではそうもいかないでしょう。覚えたいときに楽に覚えられるように鍛えておいて、損はないはずです。

発想力が向上し、脳をうまく使えるようになる

記憶術を身につけて自分の頭に記憶する量を増やしましょうと言うと、「知識を詰め込んでも意味がないのでは？」といった声が返ってくることがあります。もちろん私も、知識偏重を推奨しているわけではありません。

しかし、たくさんのインプットを頭の中に蓄えておくことは、決してムダなことではありません。インプットの量が増えれば、それだけアウトプットのバリエーションも広

がります。まったくのゼロから新しいものは生まれません。何かインプットがあって初めてアイデアが生まれます。

そのインプットを外部に頼っていれば、新しいものは生まれにくくなるでしょう。自分の頭で記憶して血肉となるものを増やせば、それだけ新たなものを生み出すことができるのです。

また、自分の頭で記憶する量を増やすことは、自分の脳をうまく使うことにつながります。

記憶術を習得する際には、言葉をイメージに変換したり、自分の感情を動かしたりすることが必要になってきます。これらを練習することによって想像力が豊かになり、新たなアイデアが思いつきやすくなります。

覚えることが楽しくなる

最後に、自分の頭で覚えることが楽しくなるというメリットがあります。記憶することが得意になり、人生が豊かになるのです。

記憶力については、多くの方がコンプレックスを抱えているはずです。多くの方が、自分は記憶力が悪いと思い込んでいるのではないでしょうか。でも、悩む必要はありません。記憶のワザを知らないのですから、覚えられないのは当然のことなのです。

逆に言えば、記憶のワザさえ身につけてしまえば、覚えられる量というのはおもしろいほど増えていきます。間違いなく、「暗記が得意だ」と自信を持って言えるようになります。

苦手だった暗記が得意に変わる。この成長の過程が何よりも楽しいのです。自分がずっとコンプレックスに感じていたものが、あっという間に得意なものに変わっていく様子を体感することができます。

この成長に、限界はありません。成長はいつまでも続き、他の人から見れば「あり得ない」レベルの量を記憶することができるようになります。実際、その量を競う「記憶力競技」というものも存在します。

デジタルデバイスが浸透していくに連れて、覚えることの必要性は少なくなっていくかもしれません。しかし、記憶すること自体の楽しさ、自分の脳が限界を突破していく楽しさというのは、失われることはありません。

自動車が発達したからといって、マラソンは意味がないという人はいないでしょう。同じように、デジタルデバイスが発達したからといって、それによって人間が自分の頭で覚える意味がなくなるわけではないのです。

自分で覚えられる量が増えて自信につながったり、同じ人間がここまで覚えられるのかと知って喜びを感じたりするなど、記憶には、趣味としての側面も備わっているのです。

記憶力は、こんなにも伸びる！

私は、元々記憶力がすごく良かったわけではありません。記憶力に自信がなかったかというとそうではありませんが、ごくごく一般的なレベルだったと思います。それが今では、格段にレベルアップしています。

ここで、記憶術によって記憶力がどのように変化していくかを、私と記憶術との出会いにさかのぼって紹介したいと思います。

記憶の練習とは？

記憶力を磨くきっかけとなったのは、記憶力競技です。**私が記憶力競技に本格的に取り組み始めたのは、わずか2年半前のことです。**競技の存在自体は、中学生くらいの頃から知っていました。テレビで海外の記憶力大会の特集をしていて、「こういう世界があるのかぁ、すごい人もいるもんだなぁ」と感じたのを覚えています。しかし、自分が競技を始めようとはまったく思わず、おもしろそうな世界があるという認識だけがポツンと頭の片隅に残されました。

高校を卒業してすぐの春休み、図書館でたまたま見つけた1冊の本により、ポツンと残された認識がよみがえってきました。その本には、ある海外のライターが記憶力競技を知り、競技を極めていくまでの過程が書かれていました。これを読み、「役に立ちそう」と思ったのです。

中学、高校とクイズ研究会に所属していた私は、大学でもクイズを続けようと思っていました。そのため、たくさんのものを効率的に覚えたいという欲求がありました。そして、「ここに記憶術が使えるはずだ、記憶術を身につければ、今までよりはるかに効率良く新しいことを覚えられるはずだ」と考えたのです。

記憶力競技についてインターネットで調べてみると、なんと、元日本チャンピオンの方が、私の家の近くで、近日中に競技の練習会、体験会を行うと書いていました。とても良いチャンスだと思った私は、すぐに参加を決めました。日程が合わなかったり、場所が遠かったりしていれば、参加していなかったかもしれません。非常に運が良かったなと思います。

記憶術って、なんだか怪しいもの？

ところで、「記憶術の体験会」って、なんだか少し怪しい感じがしませんか？「記憶術」と聞くと、どこか怪しいイメージが先行してしまうものです。事実、記憶力アップを謳う高額のセミナーというのもいくつかあり、なかにはお金儲けだけを目的にしているると思われるものもあります。

周囲の人からは、「怪しそうだからやめたほうがいいんじゃない？」と心配されました。

私も、一度のぞいてみて、少しでも怪しいところがあったらやめよう、と決めてから出かけました。

いざ体験会に参加してみると、そこに待っていたのは、まったく新しい世界でした。

記憶力競技はれっきとした頭脳スポーツの一種であること、そして、記憶術は脳の仕組みを利用したテクニックであることを知り、自分でもすぐにその効果を実感できました。

体験会が終わる頃には、競技についてもっと知りたい、記憶術をちゃんと身につけてみたい、いつか競技に参加したいと思うようになっていました。あっという間に、すっかり競技のとりこになってしまったわけです。

記憶力は、後天的に伸ばすことができる

さて、私の記憶力は、記憶術との出会いによってどのくらい伸びたのでしょうか？

「スピードナンバー」という、5分間でできるだけ多くの数字を覚える種目があります。

1行に40桁の数字が何行にもわたって並んでいて、ただひたすらそれを覚えるというものです。

初めて私がスピードナンバーに挑戦したときの結果は、20桁。最初の行の、半分までという惨憺たるものでした（記憶術を知らない人がスピードナンバーに挑戦すると、だいたいこれくらいの桁数になります）。

数字を覚えるための記憶術を習い、もう一度挑戦しました。すると今度は、なんと44桁の数字を覚えることができました。記憶術を習ってすぐに、覚えられる桁数が倍以上になったのです。

記憶術の効力を実感するとともに、きちんと確立された理論があって、それを理解して使うだけで、こんなにも結果が変わるという事実に感動しました。記憶力が、ワザによって伸ばせると身をもって気付いた瞬間です。

記憶術の練習を重ねていくうちに、この気付きは確信に変わります。練習を繰り返すたびに覚える感覚がつかめてきて、記憶術がより自分のものになっているという実感がわいてきました。

2か月ほど練習すると、スピードナンバーの記録は80桁になりました。半年後、さらに高度な記憶術を使い始め、120桁を覚えられるようになりました。そして、2年たった頃には、安定して200桁以上を覚えられるまでになりました。

5分間で20桁という一般的な記憶力しか持っていなかった私でも、記憶術を体得し、練習を重ねた結果、10倍の200桁以上を覚えられるようになったのです。

このような成長を体験したのは、私だけではありません。

現在私は、記憶術を教えるスクールで講師もしています。そこでは、成長スピードに個人差があるものの、記憶術を学んだ生徒全員が、覚えられる量を確実に増やしています。

記憶力競技の選手には、小学生もいれば、60歳を過ぎてから競技を始めた方もいます。その誰もが、記録を着実に伸ばしていっています。

記憶力は、何歳から始めても成長させることができるのです。脳の機能自体は年とともに衰えるのかもしれませんが、記憶術というワザを知ることで、知る前よりも、ものを覚えられる量は確実に増加します。

2年で日本一に

今や私は、昼間は大学に通う学生でありながら、平日の夜や土日に記憶術の練習をして、定期的に記憶力の日本選手権大会や海外で行われる大会に参加する現役の記憶力競技の選手となりました。

日本選手権では準優勝が3回、総合的な日本ランキングが2位（2019年現在）で、学生としてはナンバーワンです。種目によっては日本記録も保持しています。また、オンラインで記憶力を競うメモリーリーグというサービスがあるのですが、そのレーティングで日本一となっています（世界でも5位前後）。

選手として大会に参加する一方、前述したように東京都内にあるブレインスポーツアカデミーというスクールで、記憶術の講師もしています。

クイズのために記憶術を身につけようとしたにもかかわらず、記憶力競技の世界にどっぷりと浸ってしまっているのです。

この競技のおもしろさの一つは、成長をスコアとして把握できること。競技に取り組んでみると、パフォーマンスがすぐにフィードバックされます。成長するたびに自分の脳の限界を超えていく気がして、練習自体に楽しみを見出すようになっていきました。

そしていつしか、「クイズで活躍するために、たくさんのものを効率良く覚えたい」という当初の目的が、「覚えること自体が楽しく、それだけで競える記憶力競技で活躍したい」という欲求に変わっていきました。

この変化は、ある気付きを与えてくれました。それは、競技のために身につけた記憶術が、日常生活や勉強で大いに役立つというものです。そして、記憶力競技で培った記憶術を大学のテストに応用してみた結果、記憶術を使ったすべての科目で最高評価のA+を取ることができました。

身の回りのものは、「覚えにくいカタチ」をしている

記憶力競技にどっぷりはまったからこそ記憶術を日常生活で役立たせることができたというのは、どういうことなのでしょうか?

逆説的ですが、日常生活や勉強、クイズのためだけに小手先の記憶術を学んでいたとしたら、記憶術を自分のものにするまで身につけることはできなかったはずです。そして、競技以外の場面で役立てることもできなかったでしょう。

というのも、日常生活や勉強、ビジネスシーンで覚えようとするものは、「覚えにくいカタチ」をしていて、記憶術に慣れていないうちにそれらを扱うのはなかなか難しいことなのです。

そのため、「勉強のために記憶術を身につけてみよう」と思ったとしても、記憶術を覚えたいものに適用することができない、という状況に陥り、挫折してしまうのです。

競技用の練習から始めるのが近道

では、どうすれば日常生活でも役に立つだけの記憶術を身につけることができるのでしょうか？　いちばんよいのは、一度競技の世界にどっぷり浸かってみることです。

でもみなさん、そんな時間はありませんよね。

そこでおすすめしたいのが、競技用の練習をしてみることです。

まずは記憶術の基礎をマスターし、そのうえで日常生活への応用方法を身につけるのです。記憶術をマスターしないままに応用しようとするから、なかなかうまくいかないのです。

競技の世界に浸らないにしても、競技用の練習をするというのはなかなかハードルが高く思えるかもしれません。でもご安心ください。本書で紹介するのは、本当に必要となる最小限のワザだけなので、1～2時間ほど練習するだけで習得することができます。

ひょっとすると、何か一つの科目の勉強のためだけであれば、記憶術を学ぶよりも普通に勉強したほうが効率的かもしれません（少なくとも、明日の試験のために今から記憶術を練習するというのは効率的ではありません）。しかし、ひとたび記憶術を体得してしまえば、すべての分野に応用の利く、最強の武器になること間違いなしです。

まずは「覚えやすいカタチ」のものを覚えられるようになろう

競技の中で覚えるものは、数字や、単語、簡単なイラスト、人の顔と名前などどれもとてもシンプルです。

日常生活や資格試験で覚えたいものに比べれば、とても「覚えやすいカタチ」をしています。そのため、身につけた記憶術のスキルが、スコアにそのまま反映されます。つまり、競技用の練習であれば、記憶術を体得できているかどうかがすぐに分かるということです。

「日々の生活のために記憶力を向上させたい」というニーズはたくさんの方が持っています。書店にも、「記憶力を鍛える」だとか「記憶法」をテーマにした書籍がたくさん並んでいます。それらをもとに記憶術を学ぼうとした方も多数いることでしょう。そして、おそらくどこかで挫折をしたはずです。

なぜなら、記憶術を学ぼうとしたときに、競技用の練習をすることはまずないからです。日本に競技者が圧倒的に少ないので無理もありません。勉強やビジネスで役立つような記憶術を学びたいという人に対して、記憶力競技の練習をすすめることは、今までまったくと言っていいほどありませんでした。

しかし、私は、「競技用の練習をして、記憶術のレベルを上げ、そうしてから日常生活に応用していく」という方法がいちばん効率的だと実感しています。

本書は、まさにそのような順番で書き上げました。

続く第2章では、記憶力競技の種目を簡単に紹介します。競技自体には興味がないという方もいらっしゃるかもしれませんが、競技の内容が具体的にイメージできると、どのようなときに記憶術が使えるのかが分かりやすくなります。ぜひ御覧ください。

第3章から、いよいよ記憶術の紹介です。まず紹介するのは、ストーリー法という非常に簡単であるにもかかわらず効果的なワザです。次に紹介するのが、最強の記憶術「場所法」です（第4章）。これは、下準備が必要ですが、応用範囲が広く、覚えられる数も多い強力なワザです。その後、数字を覚えるための変換術を紹介します（第5章）。最後のワザは、タグ付け法という、人の顔と名前を一致させる記憶術です（第6章）。

その後第7章と第8章で、記憶術を日常生活に応用する方法をお伝えいたします。クレジットカード番号や銀行口座の番号などを、本書を片手にぜひ覚えてみてください。

第2章

記憶力競技の世界

記憶力自慢というと、円周率を何万桁も覚えて暗唱する姿が思い浮かぶかもしれません。しかし、数字を覚えるだけが記憶力ではないはずです。記憶力は、どのようにして競われるものなのでしょうか？　実際の競技がどのようなものなのか、簡単に見ていきましょう。

記憶力競技は、記憶力を必要とする全10種目を行い、その合計ポイントを競う頭脳競技です。英語では「メモリースポーツ」と呼ばれ、スポーツとして位置づけられています。

そのことは、競技選手のことを「メモリーアスリート」と呼ぶことにも表れています。

陸上の十種競技が走る力や投げる力、短距離に中距離とさまざまな能力が求められるのと同じように、記憶力競技では、数字を覚える力や顔と名前を覚える力、短時間で一気に覚える力、長時間で確実に覚える力とさまざまな記憶力が求められます。

競技に男女の区分はなく、年齢の区分だけがあります。表彰や世界記録は、12歳以下のキッズ部門、13歳から17歳までのジュニア部門、18歳から59歳までのアダルト部門、60歳以上のシニア部門に分かれています。

競技の始まりは１９９１年。マインドマップで有名なトニー・ブザン氏らによって開かれた大会からです。イギリスで毎年世界大会が開かれていただけでしたが、次第にヨーロッパ、アジアへと広がり、今ではさまざまな国や地域で大会が開かれています。日本ではまだ競技人口が少なく、日本人が大会に参加するようになったのは２０１０年頃からです。最近では、日本国内でも大会が開かれるようになりました。

少しややこしいのですが、日本国内には記憶力競技の大会が２種類あります。奈良県大和郡山市が毎年イベントとして行っている「記憶力日本選手権大会」と、世界基準のルールに則って毎年東京で行われる「ジャパンオープン」という大会です。

前者は世界基準の大会をモデルとしたオリジナルの5種目の合計点で争う、世界ランキングには反映されない独立した大会となっています。後者は国際的な記憶力競技の組織公認の大会で、10種目の合計点で争われます。

前者の大会で優勝しても「日本チャンピオン」を名乗れますし、後者の大会で日本ランキングが1位になっても「日本チャンピオン」を名乗れます。さらに最近では、メモリーリーグを使った国内大会など、新たな大会も増えてきています。

世界基準の大会は、大きく3つの形式に分類することができます。年に一度だけ開催される「世界大会」、アジア選手権など広い地域ごとで開催される「インターナショナル大会」、ジャパンオープンや韓国オープンなど国レベルで開催される「ナショナル大会」の3種類です。

世界大会は年に1回、インターナショナル大会は年に数回で、ほとんどの大会がナショナル大会です。世界大会は3日間に分けて競技を行い、他の2つの形式の大会は2日間に分けて行います。非常に長い戦いになるのです。

開催期間の違いは、種目ごとの制限時間の差によるものです。たとえば、数字を覚える種目の中には、世界大会だと60分間、インターナショナル大会だと30分間、ナショナル大会だと15分間の制限時間になるものがあります。

記憶力競技は、国を越えて競い合うことから、言語依存の少ない課題が採用される傾向にあり、その結果、数字やトランプを使ったものが多くなっています。

それでは、記憶力競技の各種目を見ていきましょう。ここでは、各種目で求められる能力に応じて、「数字系」「トランプ系」「その他」の3つに分類したうえで紹介していきます。

記憶力競技の大会

	日本選手権大会	世界基準の大会		
		ナショナル	インターナショナル	世 界
開催期間	1日	2日	2日	3日
種目数	5	10	10	10
制限時間	オリジナル	短	中	長
開催頻度	年1回	年数十回	年数回	年1回

記憶力競技の10種目

数字系種目1：スピードナンバー

制限時間5分間の中で、ランダムに並んだ数字をできるだけ多く覚え、その後の15分で正しく答えるという種目です。数字は0～9までが1行40桁で何行も並んでいます。1行すべて合っていれば40点、1桁の間違いで20点、2桁以上間違えると0点という基準で行ごとに点数をつけていきます。最後の行だけは、書いてある途中まで採点の対象となります。仮に最終行に30桁書いてあって、すべて合っていれば30点、1桁間違っ

スピードナンバーの問題

2 1 1 9 0 8 4 8 6 9 7 1 0 7 6 8 3 4 1 1 0 1 7 7 6 0 8 6 1 5 8 7 0 8 5 5 2 0 2 9　Row 1
3 2 6 3 8 5 7 9 4 6 2 2 8 6 2 5 1 2 6 4 3 3 9 3 8 0 0 6 3 8 6 4 6 0 5 3 3 2 6 8　Row 2
1 4 5 3 4 2 4 9 3 9 3 8 8 5 3 5 4 7 0 3 9 6 1 8 6 6 3 0 2 7 3 6 5 1 9 0 9 8 9 9　Row 3
7 7 8 8 7 3 1 6 5 0 7 2 0 5 7 8 7 9 1 1 8 0 5 2 7 3 7 8 9 2 8 1 7 2 3 4 3 6 9 7　Row 4
6 3 4 1 5 5 3 6 0 0 1 9 8 9 3 7 8 5 7 5 3 9 3 3 3 6 1 7 9 4 9 1 7 8 2 0 6 7 1 0　Row 5
4 6 8 5 2 3 5 3 3 6 2 9 8 6 9 1 3 9 9 6 5 6 5 8 0 1 1 6 5 1 6 8 2 6 8 5 8 5 6 3　Row 6
7 9 8 0 9 1 0 6 3 6 6 7 7 3 9 7 3 7 3 1 3 6 9 9 6 5 3 7 5 7 8 4 0 4 3 3 6 1 6 8　Row 7
4 7 2 9 8 9 4 7 6 8 4 3 6 4 9 5 2 5 2 2 0 5 0 1 7 1 0 0 3 4 3 6 9 3 2 1 5 0 9 3　Row 8
5 0 1 4 3 6 8 1 0 4 6 8 1 4 2 0 3 8 7 9 6 5 2 3 1 6 8 3 2 7 7 0 7 8 4 5 1 3 9 2　Row 9
5 4 3 0 3 5 0 7 9 0 2 3 1 3 1 4 0 2 2 0 3 9 5 1 2 6 8 4 2 4 4 9 2 5 8 8 5 9 2 5　Row 10
3 0 9 8 5 4 6 1 3 7 3 5 9 9 7 6 3 3 5 4 3 7 4 3 0 4 2 0 4 7 2 8 1 7 4 6 6 4 5 3　Row 11

ていれば半分の15点、２桁以上間違っていれば０点となります。

　点数を、各種目で定められた計算式に当てはめてポイントを求めます。たとえば、２０１８年の計算式だと、スピードナンバーの１００点は１８３ポイント、２００点は３６６ポイントというふうになります。すべての種目のポイントを合計した値が、その大会でのパフォーマンスということになります。

　スピードナンバーは数字を変えて２回行い、良いほうの点数を採用します。

数字系種目2：ランダムナンバー

ランダムに並んだ0〜9までの数字をできるだけ多く覚える種目です。制限時間は大会の形式によって異なります。世界大会なら60分、インターナショナル大会なら30分、ナショナル大会なら15分です（以下、大会の形式によって制限時間が異なる場合は、簡略化のためにナショナル大会のものを紹介することにし、他の形式の制限時間はあとで表にまとめて紹介します）。

制限時間が異なるだけで、他はスピードナンバーとまったく同じです。スピードナンバーが短距離走ならば、ランダムナンバーは長距離走といったところでしょうか。

ランダムナンバーの問題

6 7 9 2 2 0 3 4 5 2 5 8 5 8 1 0 2 6 6 8 5 5 2 4 2 3 1 3 6 5 3 3 6 9 4 9 9 6 6 7	Row 1
8 1 8 1 9 0 7 0 3 5 3 3 0 3 4 9 9 2 3 1 8 5 3 8 7 4 6 1 6 1 7 2 3 1 5 0 2 7 1 3	Row 2
9 9 2 9 7 2 4 5 1 0 4 6 0 3 6 4 4 9 2 0 2 5 1 4 3 9 9 7 9 2 2 7 5 0 2 0 3 0 2 2	Row 3
4 0 0 6 5 3 6 1 2 3 6 7 0 7 5 7 7 7 1 8 4 1 8 0 1 4 4 2 4 7 4 1 2 4 3 1 5 1 4 4	Row 4
6 4 7 3 2 6 9 7 3 3 3 9 9 5 7 7 9 1 6 0 1 6 3 6 8 0 1 0 4 4 5 7 9 2 8 2 9 3 0 8	Row 5
8 6 8 5 3 1 8 5 4 9 2 5 9 7 7 4 6 5 4 5 2 6 5 3 8 5 7 5 0 1 5 3 7 1 8 8 0 7 3 0	Row 6
2 9 1 1 4 0 4 9 0 9 8 0 9 2 7 9 4 2 4 6 8 1 5 1 6 5 6 5 9 1 9 3 9 4 8 5 4 5 1 5	Row 7
4 8 5 6 5 5 3 9 7 4 0 1 3 1 8 1 6 8 4 3 0 7 3 1 6 3 4 7 5 0 7 7 4 9 9 6 6 5 9 2	Row 8
5 0 7 8 5 3 7 6 2 2 4 9 6 9 0 0 7 3 1 3 0 4 3 8 8 5 1 2 0 3 6 7 9 9 6 3 8 0 5 6	Row 9
3 7 7 2 0 3 4 0 7 0 2 9 8 0 2 6 5 5 1 1 8 2 1 7 2 3 9 9 3 4 5 3 7 0 1 4 4 8 4 6	Row 10
4 5 4 5 5 0 6 6 7 8 2 1 9 1 4 9 1 8 6 7 9 7 6 5 4 2 6 3 7 2 3 0 6 6 9 4 9 4 4 6	Row 11
9 6 4 3 7 6 5 4 9 0 4 3 5 3 8 9 7 6 5 4 8 2 4 9 1 6 1 2 5 7 6 8 4 4 0 2 7 8 5 7	Row 12
0 7 2 7 1 3 0 0 1 6 2 6 5 6 6 2 8 6 3 5 1 0 0 9 5 9 5 4 1 0 2 6 6 5 7 9 3 1 7 9	Row 13
6 6 6 7 5 3 0 2 6 8 1 7 9 1 0 3 8 9 5 5 3 8 6 4 3 2 6 3 0 1 8 1 0 2 4 2 8 7 8 4	Row 14
2 8 3 1 6 9 3 4 5 8 7 9 0 0 9 2 8 4 7 9 8 4 6 0 1 4 5 5 0 0 6 6 2 2 4 0 0 7 0 1	Row 15
9 0 8 4 9 1 0 4 6 6 8 7 0 9 4 0 6 0 7 8 8 1 8 0 1 8 9 2 4 2 7 0 9 5 1 5 2 2 8 8	Row 16
0 9 6 8 4 0 9 0 7 8 8 6 1 7 4 7 9 0 8 8 8 0 2 4 6 7 9 8 3 9 7 3 9 1 9 1 9 6 7 9	Row 17
9 0 3 2 5 6 9 4 2 3 1 8 8 1 6 4 7 9 1 0 4 7 0 2 0 6 9 2 8 0 8 0 4 5 8 4 5 2 9 1	Row 18
7 1 7 6 6 4 8 1 5 9 8 9 5 8 0 5 2 0 0 7 4 8 5 8 8 7 3 6 3 2 4 6 9 2 5 7 1 9 6 5	Row 19
4 2 0 4 2 7 4 8 9 4 7 3 8 3 7 5 7 3 1 9 1 0 9 8 0 1 6 1 5 5 2 6 4 7 5 1 9 5 0 1	Row 20
6 9 9 8 4 7 9 4 8 2 0 4 8 7 1 0 6 9 2 7 1 1 7 4 0 4 8 5 0 5 9 3 3 3 5 0 8 2 5 1	Row 21
9 5 6 4 5 1 1 3 0 8 2 6 6 4 6 5 1 9 7 4 1 2 5 6 5 9 3 9 2 2 0 7 7 7 2 3 7 2 5 4	Row 22
2 5 0 6 2 9 6 2 9 1 7 4 9 8 6 7 9 7 6 3 7 2 0 0 3 2 6 4 6 1 1 9 0 4 4 4 5 2 8 7	Row 23
6 9 2 9 9 8 8 0 8 0 6 4 9 4 9 3 1 0 9 4 9 3 3 7 1 5 6 9 7 5 7 8 5 1 5 8 7 7 3 4	Row 24
3 9 3 2 7 6 8 5 9 6 9 0 3 4 7 3 5 1 2 7 1 9 6 0 4 4 2 2 5 8 7 1 6 4 9 9 1 2 5 4	Row 25

数字系種目3：バイナリー記憶

0と1からなる2進数のランダムな数字の並びを、5分間でできるだけ多く覚える種目です。0か1が1行に30桁並んでおり、スピードナンバー同様、1行すべて合っていて30点、1桁間違っていたら15点、2桁以上の間違いで0点となり、すべての行の合計点を素点とします。

バイナリー記憶の問題

0	1	1	0	1	1	1	0	1	0	1	1	0	0	0	0	1	1	0	0	1	0	1	1	0	1	0	1	0	1	Row 1
1	1	1	1	1	0	1	1	0	0	0	0	0	1	1	0	1	1	1	0	1	0	0	0	1	1	0	1	0	0	Row 2
0	0	0	1	0	1	1	0	0	1	1	1	0	1	0	0	0	1	0	0	0	1	1	0	1	0	1	0	1	1	Row 3
0	1	1	0	0	0	0	0	1	0	0	1	0	0	1	1	0	0	0	1	1	0	0	1	1	1	0	0	1	1	Row 4
0	1	1	0	0	1	1	1	1	0	1	0	1	1	1	0	1	1	1	0	0	0	1	0	0	1	1	1	0	1	Row 5
1	0	1	0	1	1	1	0	0	1	1	0	1	0	0	0	1	0	0	0	0	0	0	1	1	1	0	0	0	0	Row 6
1	1	0	0	1	0	1	0	0	0	1	1	0	0	1	0	1	1	0	1	0	1	1	0	1	0	0	0	1	0	Row 7
0	0	0	0	1	0	0	0	0	0	1	0	0	1	1	1	1	1	0	1	1	0	0	0	0	1	0	1	1	0	Row 8
0	1	1	0	1	0	1	1	0	0	1	0	1	1	1	0	1	1	1	0	0	1	1	0	0	1	1	1	1	0	Row 9
1	0	0	1	0	1	1	0	1	0	1	1	0	1	0	1	0	1	1	0	1	0	1	0	1	0	1	1	1	0	Row 10
1	1	1	0	1	1	0	0	1	1	1	1	1	1	0	1	0	0	0	0	1	0	1	0	1	1	1	0	0	1	Row 11
1	0	1	0	1	1	1	0	0	0	1	1	1	1	0	0	1	1	0	1	1	0	1	0	1	1	0	0	0	0	Row 12
1	1	0	0	0	1	0	1	0	0	1	0	1	0	1	1	1	0	0	1	1	0	1	0	1	0	0	0	0	0	Row 13
0	0	1	0	1	0	1	0	0	0	1	1	1	1	0	1	0	0	0	0	1	1	1	1	1	0	0	0	1	1	Row 14
0	1	0	1	1	0	1	0	1	1	1	0	0	0	1	0	1	1	0	0	1	1	0	0	1	0	0	0	1	1	Row 15
1	0	1	0	0	1	0	1	0	1	1	1	0	0	1	1	1	0	0	0	1	1	0	0	1	0	1	0	0	1	Row 16
1	1	1	0	0	1	1	1	1	0	0	0	0	1	1	1	1	0	0	0	1	1	0	1	0	0	1	1	1	0	Row 17
1	0	1	0	1	0	1	1	1	0	0	1	0	0	1	0	0	0	0	0	0	1	0	1	0	0	1	1	0	0	Row 18
0	0	1	1	0	0	0	1	0	0	1	0	0	0	0	1	1	1	1	0	0	1	0	0	1	1	0	1	1	1	Row 19
0	0	0	0	1	0	1	1	1	0	1	1	1	1	0	0	0	1	0	0	1	1	0	0	0	1	0	1	0	1	Row 20
1	1	0	1	0	1	0	1	0	1	1	0	1	1	0	1	0	0	0	0	0	0	1	1	1	1	0	1	1	1	Row 21
0	1	0	0	1	0	0	1	0	0	1	0	1	1	0	1	0	0	0	0	0	1	1	1	0	1	1	1	0	1	Row 22
0	0	0	1	0	1	1	0	0	1	0	0	1	0	0	0	0	0	1	0	0	1	0	0	1	1	1	0	1	0	Row 23
0	0	0	0	0	1	1	1	1	1	0	1	0	0	0	0	0	1	1	1	0	0	0	0	0	1	1	0	0	1	Row 24
1	1	1	0	0	0	1	1	1	1	0	0	1	1	0	1	0	1	0	0	0	0	0	0	0	0	1	1	0	0	Row 25

数字系種目4：架空の年号記憶

年号とその年に起こった架空の出来事がセットになったもの（「1253年　お父さんが財布を盗まれた」など）を、5分間でできるだけ多く覚える種目です。解答用紙には、架空の出来事がランダムな順番に書かれており、その年号を答えていきます。

採点方法は、年号が合っていればプラス1点、間違った年号を記入していた場合はマイナス0・5点、空欄の場合は0点として合計点を出します。

架空の年号記憶の問題

(158 dates presented)

Number	Date	Event
1	2039	カメラのバッテリーが無くなる
2	1423	スズメが卵を産む
3	1046	環境団体がデモを行う
4	1794	だれも電話に出ない
5	1287	水星で初の映画が撮影される
6	1950	先生が税金逃れを犯す
7	1355	お化け屋敷が貸しに出される
8	1699	ネズミが魅了される
9	1542	ニュースレポーターが丸二日寝ないでいる
10	1855	ブタが踊る
11	1279	芸術家が試験に落ちる
12	1365	カジノが無料のビュッフェを提供する
13	1128	海賊が結婚をする
14	1517	社長が倒産を宣言する
15	1008	高速道路で地震が起きる
16	1069	雄ブタが羽毛を踏みつける
17	1504	オンドリが声を失う
18	1391	政府が一週間閉鎖する
19	1602	マジシャンが財布を失くす
20	1054	シェフが反逆をおこす
21	2069	校長先生が体育の試験を受ける
22	1505	騎士が心臓病を患う
23	1487	サーモンサラダがコーヒーショップで販売される
24	1704	ドラゴンが城で眠る
25	1733	地球規模の非核化
26	1956	会計士が風邪をひく
27	1140	自転車乗り祭りが開催される
28	1312	パイロットが彼女と別れる
29	1331	火星が地球にぶつかる
30	1385	マスターが成功者を探す
31	1130	カバがダイエットをする
32	1497	ハチが山に向かって飛んでいく
33	1410	大工がホットドッグを売る
34	1930	犯罪者が妊娠する
35	1657	ゾウが心臓病にかかる
36	2017	宇宙飛行士が首になる

数字系種目5：スポークンナンバー

1秒に1桁ずつ読み上げられる0〜9のランダムな数字を、できるだけ多く覚える種目です。連続して覚えていた桁数までが得点となります。たとえば、80桁覚えたとしても、3桁目を間違えてしまうと、2点になってしまいます。

大会によって2回もしくは3回行い、いちばん良い点数を採用します。回数を追うごとに読み上げられる最大の桁数が増えていきます。たとえば、1回目は100桁まで、2回目は550桁までというようになっています。なお、読み上げは英語で行われます。

集中力がかなり必要とされるため、選手の間では、もっとも難しい種目だと言われることもあります。

トランプ系種目1：スピードカード

ジョーカーを除いた1組52枚のシャッフルされたトランプを、5分以内にできるだけ速く、多く覚える種目です。52枚すべて覚えられた場合、タイムが速ければ速いほど得点が高くなります。

配られたトランプの順番を覚え、あらかじめ自分で用意したもう1組のトランプを使って、覚えた順番の通りに再現します。これも、2回行って良いほうの点数を採用します。

スピードカードは、全10種目の中で花形と言われる種目です。タイムによって最終的なポイントが大きく変わるため、最後に行われることが通例となっています。

ちなみに、10種目の行われる順番は大会によってまちまちなのですが、数字系種目を2日間にばらけさせる、スピードカードは最後にやる、などの暗黙の了解があります。

トランプ系種目2：ランダムカード

1組52枚のトランプを、制限時間10分のうちにできるだけ多く覚える種目です。スピードカードとの違いは、全員が同じ時間を使って覚えるという点、そして、実際にカードを並び替えるのではなく、解答用紙に記入していく点です。

1組すべて正解で52点、1枚間違えると26点、2枚以上間違えると0点になってしまいます。この計算を組ごとに行い、合計点が素点となります。スピードナンバーと同様、最後の組だけは覚えた枚数までが得点になります。

ランダムカードの解答用紙

TOKYO Friendly Memory Championships 2015

Cards Recall

A1

A2

Name : ________________ WMSC ID : ________

Write the number or letter A(ce), J(ack), Q(ueen), K(ing)

			Deck #			
♠A		1	♠	♥	♣	♦
♠2		2	♠	♥	♣	♦
♠3		3	♠	♥	♣	♦
♠4		4	♠	♥	♣	♦
♠5		5	♠	♥	♣	♦
♠6		6	♠	♥	♣	♦
♠7		7	♠	♥	♣	♦
♠8		8	♠	♥	♣	♦
♠9		9	♠	♥	♣	♦
♠10		10	♠	♥	♣	♦
♠J		11	♠	♥	♣	♦
♠Q		12	♠	♥	♣	♦
♠K		13	♠	♥	♣	♦
♥A		14	♠	♥	♣	♦
♥2		15	♠	♥	♣	♦
♥3		16	♠	♥	♣	♦
♥4		17	♠	♥	♣	♦
♥5		18	♠	♥	♣	♦
♥6		19	♠	♥	♣	♦
♥7		20	♠	♥	♣	♦
♥8		21	♠	♥	♣	♦
♥9		22	♠	♥	♣	♦
♥10		23	♠	♥	♣	♦
♥J		24	♠	♥	♣	♦
♥Q		25	♠	♥	♣	♦
♥K		26	♠	♥	♣	♦
♣A		27	♠	♥	♣	♦
♣2		28	♠	♥	♣	♦
♣3		29	♠	♥	♣	♦
♣4		30	♠	♥	♣	♦
♣5		31	♠	♥	♣	♦
♣6		32	♠	♥	♣	♦
♣7		33	♠	♥	♣	♦
♣8		34	♠	♥	♣	♦
♣9		35	♠	♥	♣	♦
♣10		36	♠	♥	♣	♦
♣J		37	♠	♥	♣	♦
♣Q		38	♠	♥	♣	♦
♣K		39	♠	♥	♣	♦
♦A		40	♠	♥	♣	♦
♦2		41	♠	♥	♣	♦
♦3		42	♠	♥	♣	♦
♦4		43	♠	♥	♣	♦
♦5		44	♠	♥	♣	♦
♦6		45	♠	♥	♣	♦
♦7		46	♠	♥	♣	♦
♦8		47	♠	♥	♣	♦
♦9		48	♠	♥	♣	♦
♦10		49	♠	♥	♣	♦
♦J		50	♠	♥	♣	♦
♦Q		51	♠	♥	♣	♦
♦K		52	♠	♥	♣	♦

			Deck #			
♠A		1	♠	♥	♣	♦
♠2		2	♠	♥	♣	♦
♠3		3	♠	♥	♣	♦
♠4		4	♠	♥	♣	♦
♠5		5	♠	♥	♣	♦
♠6		6	♠	♥	♣	♦
♠7		7	♠	♥	♣	♦
♠8		8	♠	♥	♣	♦
♠9		9	♠	♥	♣	♦
♠10		10	♠	♥	♣	♦
♠J		11	♠	♥	♣	♦
♠Q		12	♠	♥	♣	♦
♠K		13	♠	♥	♣	♦
♥A		14	♠	♥	♣	♦
♥2		15	♠	♥	♣	♦
♥3		16	♠	♥	♣	♦
♥4		17	♠	♥	♣	♦
♥5		18	♠	♥	♣	♦
♥6		19	♠	♥	♣	♦
♥7		20	♠	♥	♣	♦
♥8		21	♠	♥	♣	♦
♥9		22	♠	♥	♣	♦
♥10		23	♠	♥	♣	♦
♥J		24	♠	♥	♣	♦
♥Q		25	♠	♥	♣	♦
♥K		26	♠	♥	♣	♦
♣A		27	♠	♥	♣	♦
♣2		28	♠	♥	♣	♦
♣3		29	♠	♥	♣	♦
♣4		30	♠	♥	♣	♦
♣5		31	♠	♥	♣	♦
♣6		32	♠	♥	♣	♦
♣7		33	♠	♥	♣	♦
♣8		34	♠	♥	♣	♦
♣9		35	♠	♥	♣	♦
♣10		36	♠	♥	♣	♦
♣J		37	♠	♥	♣	♦
♣Q		38	♠	♥	♣	♦
♣K		39	♠	♥	♣	♦
♦A		40	♠	♥	♣	♦
♦2		41	♠	♥	♣	♦
♦3		42	♠	♥	♣	♦
♦4		43	♠	♥	♣	♦
♦5		44	♠	♥	♣	♦
♦6		45	♠	♥	♣	♦
♦7		46	♠	♥	♣	♦
♦8		47	♠	♥	♣	♦
♦9		48	♠	♥	♣	♦
♦10		49	♠	♥	♣	♦
♦J		50	♠	♥	♣	♦
♦Q		51	♠	♥	♣	♦
♦K		52	♠	♥	♣	♦

その他種目1：顔と名前記憶

色々な国の人の顔と名前を、できるだけ多く覚える種目です。制限時間は5分間です。国や言語による差をなくすため、顔と名前は色々な国のものになっており、日本人は日本語（カタカナ）で受けることができます。

採点は、1つ合っていればプラス1点、間違えたものを書いたらマイナス0・5点、何も書かなければ0点とし、その合計点を素点とします。

顔と名前記憶の問題

マイコ　コーリアス

タイロン　エルナニア

サルヴァドール　リンク

マサカズ　イワイ

プラマス　アヴィー

デリィ　ゴンザガ

ペナ　オロペサ

ロスリン　キャウッド

ゼレ　フィリエルヴォ

その他種目2：単語記憶

制限時間5分で、できるだけ多くの単語を覚える種目です。単語は「リンゴ」や「パソコン」といった名詞から、「吸収する」といった動詞など、品詞の区別なくランダムに並びます。1列に20個の単語が並んでおり、それをできるだけ多く覚えます。日本人は日本語に翻訳された問題で受けることができます。

採点は1列合っていれば20点、1つ間違えていたら10点、2つ以上間違えたら0点となって、最後の列は書いたところまで得点となります。ひらがなとカタカナの書き間違えも間違いとカウントされます。漢字の書き間違えはスペルミスとして扱われ、その都度マイナス1点されます。

単語記憶の問題

1 投資家	21 マグカップ	41 一歩	61 事故	81 市場
2 功績	22 電話	42 競技場	62 劇になる	82 外交官
3 欠席	23 腹部	43 傘	63 被告	83 バックパック
4 マーマレード	24 カメ	44 崩壊	64 ハンバーガー	84 プランター
5 紳士	25 ペンギン	45 侵略者	65 サンドイッチ	85 預言者
6 不当利得者	26 毒	46 選挙	66 アラバスター	86 ウナギ
7 祝賀会	27 収縮する	47 ラグ	67 拒否	87 心拍
8 カニ	28 ぼろ切れ	48 バルコニー	68 キャベツ	88 車輪
9 シカ	29 猟師	49 幼児	69 培養液	89 聖書
10 コスチューム	30 しぶき	50 吸血鬼	70 パイプ	90 委任する
11 円柱	31 サイン	51 イモリ	71 銃	91 クロスボウ
12 そろばん	32 丸太	52 スパナ	72 スモック	92 オレンジ
13 罰	33 ミツバチ	53 お尻	73 燃料	93 葉
14 同情	34 履物	54 物理学者	74 チェロ	94 大聖堂
15 コルネット	35 ダイヤモンド	55 海軍	75 愛国心	95 イーゼル
16 あがめる	36 ねじる	56 戦闘	76 キャンプする	96 磁器
17 習慣	37 トリンケット	57 遺憾に思う	77 カウンター	97 生息地
18 コンクリート	38 カリスマ性	58 話	78 バニーガール	98 連合
19 賢者	39 車線	59 暗殺者	79 オートバイ	99 レンジャー部隊員
20 パレット	40 帽子箱	60 屋根裏	80 気体	100 低木

その他種目3：イメージ記憶

1行に5つのイラストが描かれており、行ごとにその順番を覚えるのがこの種目です。制限時間は5分間です。

解答の際は、行内のイラストがランダムに並んでいる解答用紙に、それぞれのイラストが元々何番目に描いてあったかを数字で答えます。

採点は、順番が合っていたらプラス5点、間違えていたらマイナス1点です。

この種目は最近新しく採用された種目で、数年前まではなかったものです。

イメージ記憶の問題

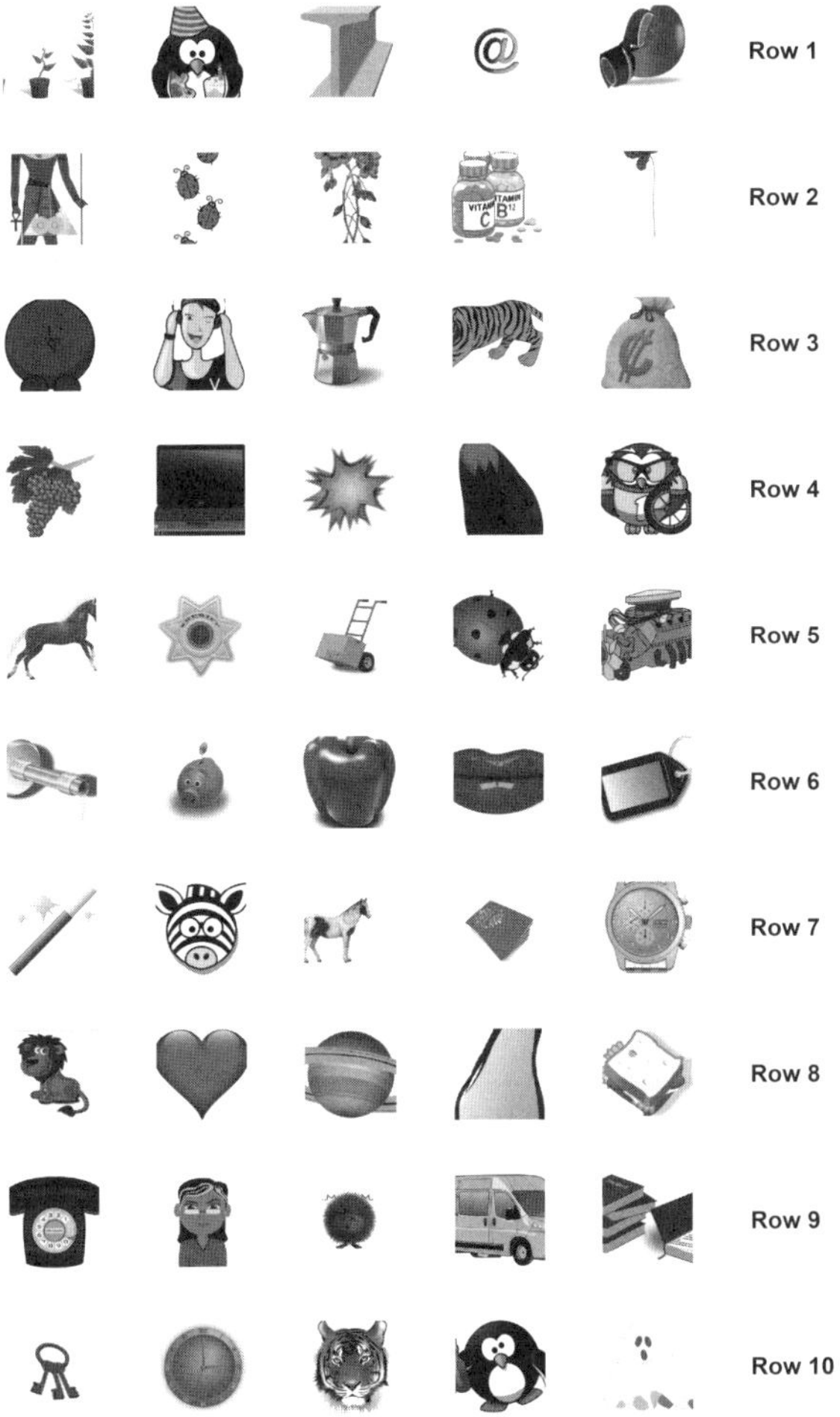

記憶力競技の種目別・大会別・競技時間

種目	ナショナル	インターナショナル	世界
スピードナンバー	5分	5分	5分
ランダムナンバー	15分	30分	60分
バイナリー記憶	5分	30分	30分
架空の年号記憶	5分	5分	5分
スポークンナンバー	100桁 & 300桁	100桁 & 300桁 & 550桁	200桁 & 300桁 & 550桁
スピードカード	5分	5分	5分
ランダムカード	10分	30分	60分
顔と名前記憶	5分	15分	15分
単語記憶	5分	15分	15分
イメージ記憶	5分	5分	5分

第3章

基本の記憶術
「ストーリー法」

ストーリー法のやり方

ストーリー法とは、覚えたいものの羅列を順番通りに頭の中でストーリーに仕立てて、そのお話ごと覚えてしまうことによって、ものをまとめて記憶するという記憶術です。

第5章で紹介する変換術を使えば、数字の順番も覚えられます。ここでは、基本となる「単語の記憶」を具体例に紹介していきます。

覚え方のステップは、たった2つです。
ステップ1：単語をイメージに変換する
ステップ2：順番通りにストーリーを作る

【STEP 1】単語をイメージに変換する

単語というのは文字情報でしかなく、そのままでは記憶に残りづらいものです。そこで、文字情報を具体的な「イメージ」に変換します。

たとえば、「りんご」という単語を覚えたかったら、まずは具体的な「りんごの姿」を頭に思い浮かべます。赤くて、丸くて、大きなりんご。文字情報をイメージとして思い浮かべることで、記憶に残す準備が整います。

【STEP 2】順番通りにストーリーを作る

イメージへの変換ができたら、ストーリーに仕立てていきます。頭の中で物語を作ることで、覚えたいものとものの間につながりが生まれ、記憶にしっかりと残ることになります。

ストーリー法を使ってみよう

1	2	3	4	5
ボール	教科書	釘	氷	ネックレス

ここに、５つの単語があります。

これらの単語を、ストーリー法を使って順番に覚えてみましょう。

まずは1番目の「ボール」という単語を、イメージに変換します。頭の中に丸い大きなボールを想像してください。もちろん、どのようなボールでもかまいません。

次に、「教科書」をイメージに変えて、ボ

ールとつながるストーリーを作っていきます。私は、平積みになったたくさんの教科書を思い浮かべました。そして、先ほどのボールとつなげて、「ボールを投げたら、平積みになった教科書にぶつかってしまった」という情景を想像しました。

このとき、必ず情景を思い浮かべてください。ただ文章としてストーリーを作るのではなく、頭の中でイメージとして物語を動かしていくのです。映像を見ているような感覚です。

そして、覚える順番通りにストーリーを作っていくのもポイントです。「教科書を開いたらボールが出てきた」というストーリーを作ってしまうと、「教科書→ボール」という順番になってしまいます。ストーリーに出てくる順番は、必ずもとの単語の順番に合わせましょう。

このようにして、単語をどんどんつなげていきます。たとえば、次のような感じです。

「ボールを投げたら、平積みになった教科書にぶつかってしまった。床に崩れた教科書を固定するために釘を打った。釘を打っているときに自分の指に釘が刺さってしまい、慌てて氷で冷やした。そして、包帯代わりにネックレスで指をぐるぐる巻きにした」

①
数学
英語
公民
②
数学
③
④
⑤

先ほども述べましたが、文章としてではなく、情景を頭の中に思い浮かべるようにしてください。頭の中で一つの映像にしてしまうことで、ほんの数秒の動画ができあがります。動画ができたら、頭の中で再生してみてください。うまく再生できればもう覚えたも同然です。

ストーリーを上手に作れたら、それだけでうまく記憶できたことになります。なぜなら、思い出すには、作ったストーリーをはじめから再生し、出てきた単語を拾い出すだけだからです。

今回は私の作ったストーリーを思い浮かべてもらいましたが、自分でストーリーを作ればより思い出しやすくなります。

ストーリーを作る際のコツとしては、なるべく大げさで、おもしろくなるようにすることです。そのほうがインパクトが大きく、思い出しやすくなります。

はじめはうまくおもしろい物語をなかなか創作できなくても、何度かやっていくうちに、「おもしろくするコツ」が身につき、少しずつインパクトがあるストーリーを作れるようになるはずです。

これが、ストーリー法という手軽でありながら記憶術の基本となるワザです。単語をイメージに変えて頭の中に描くという「基本の基」が込められているので、はじめにマスターしておきたい記憶術です。

これを使えば、10個程度のものの順番ならすぐに覚えてしまうことができるようになります。しかし、それ以上となるとストーリーがややこしく壮大になってしまうため、覚えることが難しくなります。

より多くのものを覚えようとするときには、次章で説明する最強の記憶術、「場所法」の出番となります。

Let's try

ストーリー法を使って10個の単語を覚える

次の単語を、ストーリー法を使って、正確に、順番通りに覚え、答えてみてください。
時間は気にしなくてかまいません。

練習問題① 5個の単語①

1	カバン
2	納豆
3	カラス
4	新幹線
5	スーツ

練習問題② 5個の単語②

1	高校生
2	玉ねぎ
3	ソファー
4	手帳
5	水

練習問題③　10個の単語①

1	2	3	4	5	6	7	8	9	10
ビル	電池	ランドセル	宝くじ	バナナ	日記	信号	メガネ	温泉	どんぶり

練習問題④　10個の単語②

1	2	3	4	5	6	7	8	9	10
サッカー	紅茶	ぬいぐるみ	カメラ	風呂敷	バス	歯	布団	しょうゆ	結婚式

第4章

世界最強の記憶術「場所法」

ストーリー法を使うと、10個くらいの単語を順番通りに覚えられるようになります。それに対して場所法は、もっと多くのものを順番通りに覚えるときに使います。20くらいの単語や数字の順番であれば、使いはじめてすぐ覚えられるようになります。使いこなせるようになれば100でも200でも覚えることが可能で、基本的に上限はありません。

具体的な応用先は、長めの買い物リストやTo Doリストの暗記、クレジットカードの番号を覚えたり、単語帳代わりに使ったりと、色々なことができます。汎用性に非常に優れた記憶術なのです。

場所法は、私たちの脳の仕組みを利用した記憶術です。

最近行った飲み会で、自分の周りに誰が座っていたか、隣のテーブルには誰がだいたいどのあたりに座っていたか、覚えていますか？　働いているオフィスで、誰のデスクがどこにあるかはどうでしょうか？

「そんなの覚えてないよ」と決めつけないで、思い出そうとしてみてください。意識的に覚えようとしたことはないと思いますが、意外にも、かなりしっかりと思い出せたのではないでしょうか?

何かを覚えたいときには非常に苦労するのに、覚える必要のないもの、覚えようとしていないものを覚えているなんて、なんだか不思議ですよね。しかし、これこそが人間の脳の特徴なのです。そして、その能力を最大限に利用するのがこの章で学ぶ記憶術になります。

場所法は、競技をするうえでも、日常生活で使ううえでも、絶大な効果を発揮します。私は、場所法こそが「世界最強の記憶術」であると思っています。まずはその理由をご紹介しましょう。

場所法はなぜ「世界最強の記憶術」なのか？

2500年前から使われてきた最古の記憶術

場所法を端的に表すと、「新たに覚えたいものを、あらかじめ自分で決めておいた『場所』に存在するというイメージを作ることによって、順番を覚える方法」となります。

場所法は、「記憶の宮殿（Mind Palace）」「ジャーニー法」「プレイス法」とも呼ばれます。ローマ時代の雄弁家の間でも使われており、少なくとも2500年前には使われていた、歴史的な裏付けのあるワザです。

場所法を生み出した人物は、シモニデスだと言われています。西川氏の論文には、シモニデスが場所法を生み出した経緯として、次のようなエピソードが紹介されています。

参考：「場所法による巨視的時間概念の指導法の開発」
西川純（1991）

「彼は、ある貴族の宴会に参加して詩を朗読したが、宴会場の天井が落ちて出席者を押しつぶしてしまった。たまたま彼はこの時に席をはずしていたので、好運にも一命をとりとめた。死体は誰であるか判別できないほどメチャクチャになったが、彼は出席者のいた位置を正確に記憶していたため、死体の位置から誰であるかを同定したといわれる。このことから彼は、覚えたいことを位置に結び付けるとき、記憶が強固になることを発見したのである。」

みなさんに思い出してもらった、飲み会の席やオフィスの席の話と同じことですね。
2500年も前に同じ仕組みに気付き、記憶術に仕上げた人物がいたのです。

数々の研究がその効果を裏付けている

古くからの研究として、場所法がどのくらい記憶に残るのかを実験したものがあります。たとえば、次のようなものです。

課題は、40個の単語がそれぞれ一度だけ提示され、直後や1日後に何個思い出せるかをテストするというものでした。被験者は、場所法を使って、自分のペースで単語を一つずつ覚えていきます。その結果、なんと平均で約90%以上の単語を直後に思い出すことができ、1日後でも、80%もの単語を思い出すことができました。

参考："Some observations on memory artifice"
John Ross and Kerry Ann Lawrence（1968）

場所法を使って英単語を効果的に覚えられるかを調べた研究もあります。

この研究は、被験者の大学生が実際の場所を訪れ、場所やものと関連付けながら英単語を覚え、場所法を使わなかったときの結果と比較するというものです。
実験の結果、文字情報だけを使って屋内で覚えるよりも、屋外で覚えたほうが成績が良くなることが分かりました。左記の論文には、「場所法を応用した手法が英単語の記憶の長期化に有用であることが示唆された」とあります。

参考：「場所法を応用したAR英単語学習システムに向けた基礎検討」
中村光貴、福嶋政期、苗村健（2017）

さらに、場所法を使っているときに脳のどこを使っているかを調べた研究もあります。
この研究では、場所法を使って英文を記憶した被験者が、英文を想起するときに脳のどの部分を使っているかが調べられました。脳波測定を行った結果、想起する際には右脳が活性化していることが示されたそうです。左記の論文には、「場所法による記憶の特徴は、空間的な場所のイメージや検索手がかりを視覚的イメージとして記憶するところが特徴で、そのような脳の活動は右脳が担っているとされている」とあります。

参考：「場所法記憶における脳賦活部位の双極子解析による推定」
市橋秀友、山ノ井高洋、本多克宏（2002）

場所法には、これら以外にもさまざまな研究があり、その効果を裏付けています。また、3つ目の論文で示されたように、右脳を使うというのも特徴です。

場所法を使っているとき、「今右脳を使っている！」と意識することはさすがにありませんが、文字情報だけを覚えているよりもはるかに鮮明なイメージを画像として覚えている感覚があります。

汎用性が高く、ハイパフォーマンス

場所法が良いものであるということは伝わったのではないかと思います。では、他の記憶術と比較した場合はどうでしょうか？

世の中にはさまざまな記憶術があふれています。それなのに、なぜこんなにも本書では場所法を推すのでしょうか？　他の記憶術を身につける必要はないのでしょうか？

結論としては、ほとんどの場合、場所法だけでOKです。
なぜなら、場所法には、高い汎用性と優れたパフォーマンスがあるからです。

日常生活について言うなら、場所法だけでほぼすべてのシーンをカバーすることができます。プレゼンやスピーチで話す内容を覚えたり、本の要旨を順番に覚えたり、電話番号を覚えたりすることができます。こんなにもさまざまな場面で使える記憶術は、他にありません。

唯一、人の名前と顔を一致させて覚える場合には、「タグ付け法」というより効果的な方法があるので、これについては第6章で改めてご紹介します。

場所法の汎用性の高さは記憶力競技にも表れていて、10種目中7種目で場所法を効果的に使うことができます。残る3種目についても、場所法を使うことができます。ただ、それら競技に特化したより効果的な方法があるため、記憶力競技の選手である私はそちらを使っています。

パフォーマンスの高さについては、第2章で紹介したスピードナンバーでの私自身の体験や、先ほど紹介した研究から分かる通り、覚えられる量を格段に増やすことができます。順番通りに覚えられますし、覚えるのに必要となる時間もそれほどではありません。

また、単語を文字の羅列として覚えるのではなく、鮮明なイメージとして記憶するので、容易に思い出すことができます。

他の記憶術にも、同じように覚えたいものをイメージ化して覚えるものがありますが、場所法ほど「大量に」かつ「順番通りに」覚えられる記憶術は聞いたことがありません。

私もいくつか記憶術を試して身につけてきましたが、多くの場合で場所法がもっともパフォーマンスが高く、効率良く多くのものを覚えられるという結論にたどり着きました。

世界チャンピオンも使っている

場所法の効力を実感しているのは私だけではありません。私の知る限り、日本のトップクラスの選手はみな場所法を使っています。

さらに言うと、記憶力競技の世界クラスの選手も場所法を使っています。たとえば、世界チャンピオンのアレックス・ミュラン氏は、自身のウェブサイトで場所法を使っていると告白しています。

参考：https://mullenmemory.com/memory-palace-basics

世界でいちばん強い記憶力競技の選手も場所法を使っていて、その効果を認めているのです。

場所法が世界最強の記憶術であること、納得いただけたでしょうか？

もう1点、私は、競技を始めたばかりの初心者にも場所法を教えているのですが、すぐに使いこなし、その恩恵を受けています。少しの練習で効果を実感できるという点でも最強の記憶術であると感じています。

場所法のやり方

お待たせいたしました。いよいよ、場所法のやり方の説明へと移りましょう。

汎用性と高いパフォーマンスを兼ね備えた場所法ですが、唯一欠点があるとすると、それは、習得に少し時間がかかってしまうというところ。ただし、時間がかかると言っても、数十分もあれば基礎を身につけることができ、その効果を体感することができるのでご安心ください。

基礎を習得したあとは、それを日常生活で効率良く使えるレベルに磨いていく必要があります。場所法は奥が深い記憶術で、私自身完璧に使いこなせているわけではありません。とはいえ、日本トップクラスでは使いこなしている自信がありますので、そこで身につけたテクニックも合わせて、これから紹介していきます。

場所法のイメージ

まずは、場所法の大まかなイメージを見てみましょう。

本章の冒頭で、最近行った飲み会での席順を思い出してもらいましたね。ここでもう一度、その様子を頭の中に描いてみてください。飲み会ではなくても、友達と行った食事や結婚式などでもかまいません。最後に行った何かしらの会を思い出してください。目をつぶって思い浮かべるとやりやすいはずです。


思い浮かんできましたか？

それでは、同じテーブルに誰がいたか、右に誰が座っていて、左に誰が座っていて、正面には誰が座っていたかを、できるだけ鮮明に思い出してみてください。左右正面に座っていた人が、「場所」になります。この場所に、覚えたいものがあるという妄想をするのが場所法です。

たとえば、「りんご」という単語を覚えるのであれば、右隣に座っていた人がりんごを持っていると妄想します（右隣に誰も座っていなかったら、左隣でもかまいません）。右隣の人（実際は、一緒に飲みに行った同僚であったり、友達であったりと、具体的な人物です）に、頭の中で無理やりりんごを持たせるのです。このとき注意していただきたいのは、「りんご」という文字列を持たせるのではなく、赤くて丸いりんごを持たせることです。

持たせることができましたか？　急にりんごを持たされて、右隣の人は驚いた表情をしているかもしれませんね。その人がどんなリアクションをするかはみなさんにしか分からないものですが、妄想の中で、りんごを持たせたときのリアクションを思い描いてみてください。鮮明なイメージが描けていると、妄想が勝手に動き出すこともあります。

では次に、「サメ」という単語を覚えてみましょう。先ほどと同様、文字列ではなく、イメージとして妄想の中に登場させます。しかし、困ったことに、右隣の人はすでにりんごを持っています。

そこで、今度は正面の人を使うことにします。正面の人には申し訳ないのですが、頭の上からサメが降ってきて、頭にかぶりついている様子を妄想してみてください。とても痛そうですね。頭の中ではどんなこともしていいので、申し訳ないと思いつつも自由に妄想してみてください。

はい、ここでいったん妄想を終わりにしてみましょう。お疲れ様でした。

それでは、思い出す作業に入りましょう。やり方はとても簡単です。もう一度「場所」を訪ね、妄想を追体験するだけです。

やってみましょう。

最近行った飲み会の席を、もう一度思い出します。そして、右隣を見てみましょう。右隣の人が何かを持っていませんか？　そう、りんごです。

次に正面を見てください。かわいそうに、サメに頭をかじられていますね。きっと、思い出そうとしなくても先ほど描いたイメージが浮かんできたはずです。

ということで、覚えようとした単語は「りんご」と「サメ」だったことが分かります。

これが場所法です。

場所法を実践する3ステップ

いかがでしたでしょうか？　世界最強の記憶術と言うからには、もっと難しいことをするのだと思いましたか？

額に汗をかきながら一生懸命記憶するわけではなく、イメージ豊かに妄想する。どちらかというと、遊んでいる感覚に近いかもしれません。

ところで、先ほどの例では少し困ったことがあります。もっとたくさんの単語を覚えようとしたとき、人が足りなくなってしまうという問題です。

この問題を解決するために、場所法を使うときには、あらかじめ場所を用意しておく必要があります。飲み会で一度しか行かないようなお店ではなく、もっと身近で、それでいてたくさんの単語を収納できるような場所です。

場所法を使うためには、場所を作るステップが必要なのです。場所は、一度作ってしまえば何度も使い回せるので、このステップは最初に1回だけやれば十分です。

では、場所作りを含めた場所法のステップを見てみましょう。

ステップ0：場所を作る
ステップ1：プレイスに覚えたいものを置いていく
ステップ2：プレイスを順番にたどり、覚えたものを取り出す

ステップ0が下準備、ステップ1が記憶、ステップ2が想起ということになります。目標は、ランダムに並んだ20個の単語を、すべて順番通りに覚えられるようになることです。これだけのものを覚えられるようになれば、日常生活で使っていくのに困ることはありません。また、20個の単語を順番に覚えるとなると、記憶術を使わないとなかなか太刀打ちできません。つまり、これを完璧に覚えることができれば、場所法を身につけたと言っても過言ではありません。一緒に頑張っていきましょう！

【STEP 0】場所を作る

場所法を使うにあたっては、その場限りの場所を使うのではなく、家やオフィスといった身近な場所をあらかじめ用意しておく必要があります。

オフィスや通っていた学校、行きつけのお店、図書館、最寄り駅から家までの道など色々なところが「場所」になり得るのですが、まずは住んでいる家を使うのがおすすめです。

ここでは、具体例として次のような、典型的なワンルームの間取りの家を使っていきます。

場所法では「学校」「図書館」「家」といった場所のことを「ルート」と呼びます。先ほどの飲み会の例で言えば、会場となったお店やテーブル全体がルートということになります。細かい場所の集合体がルートだと思ってください。

さて、ルートを決めたら、次はそのルートの中に具体的な場所を設定していきます。

ワンルームの間取りの家

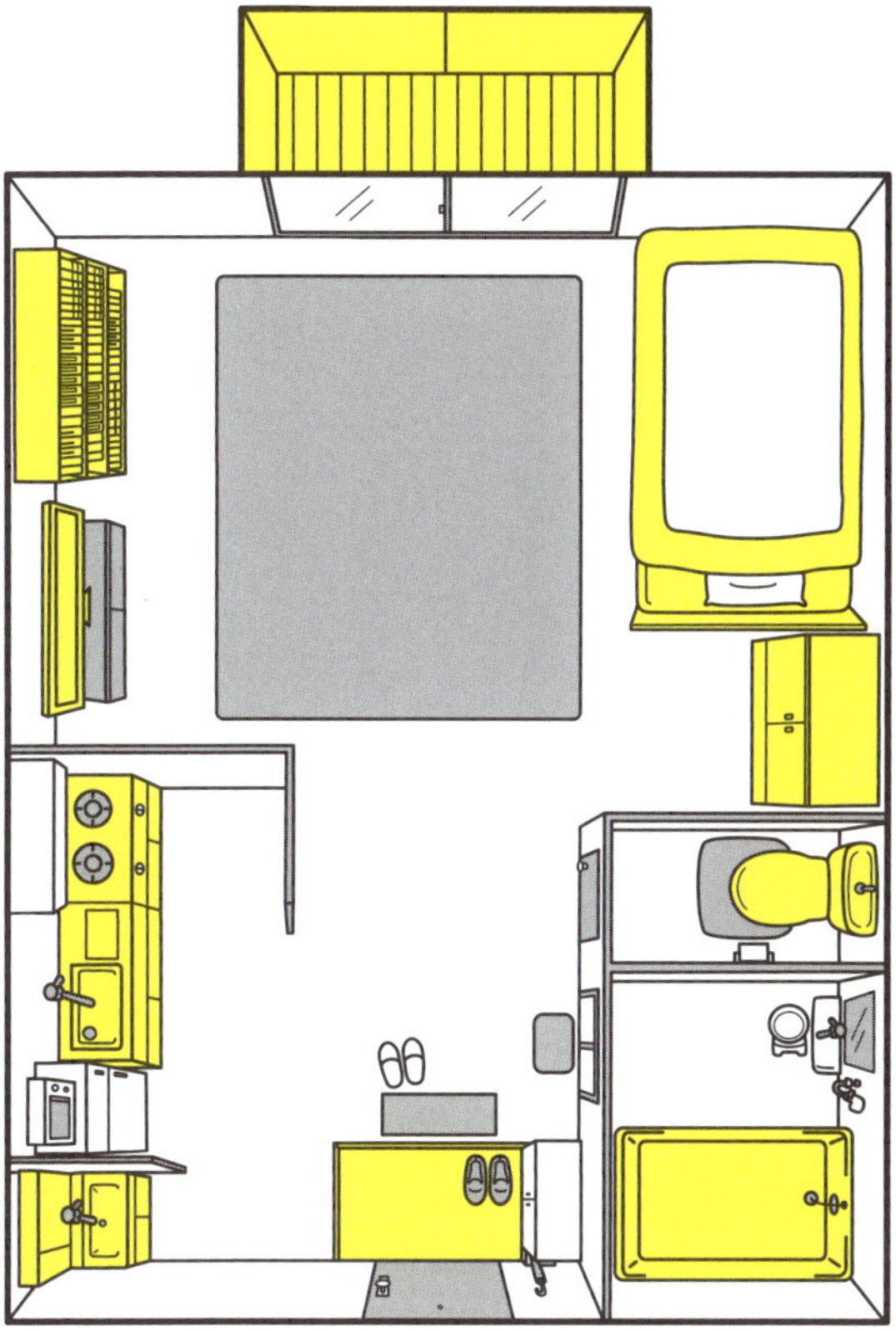

記憶術を使っていくときに、実際にものを置いていく場所です。ワンルームの部屋の中の、玄関やベッド、本棚などがそれにあたります。このような、ルートの中にある具体的な場所のことを「プレイス」と呼びます。同じく先ほどの飲み会の例で言えば、右隣や正面に座っていた人がプレイスになるわけです。つまり、一つのルートの中に複数のプレイスが存在します。

ルートに含まれるプレイスが多ければ多いほど、覚えられる単語の量も増えます。ただし、プレイスが多くなると、それだけ扱いづらくもなります。

まずは、10個のプレイスを設定するようにしましょう。今回のように、1つのルートに10個のプレイスが含まれる場所を持っていることを、「1ルート10プレイスの場所を持っている」と表現します。

それではこのワンルームの間取りの家ルートの中に10個のプレイスを設定していきましょう。プレイスを設定するとき、ただ闇雲に設定してはいけません。プレイスは「たどる順番」が重要です。そのため、順番を忘れないようにするための何らかのルールが必要となります。

ルールの決め方はいくつかありますが、「移動していく順番」か「場所を上空から見たときの時計回り」というのがおすすめです。

また、同じプレイスを再利用することは絶対に避け、似たようなプレイスもあまり使わないようにしましょう。

実際に10個のプレイスを設定したのが次ページの図です。

図の中の数字がプレイスの順番を表しています。1番目のプレイス（1プレイス目と言います）が玄関で、2プレイス目が洗面所、3プレイス目がキッチン……と続いていき、10プレイス目の浴室まで設定されています。

今回プレイスの設定ルールは、上から見たときの時計回りとしました。スタートの1プレイス目が玄関なのは、家に帰ってきたときをスタートと考えたためです。家に着いたのがスタートで、そこから時計回りに洗面所、キッチン、壁伝いにテレビ、本棚ときてベランダに行き、ベッド、クローゼット、トイレ、浴室となっています。

ワンルームの間取りの家にプレイスを設定

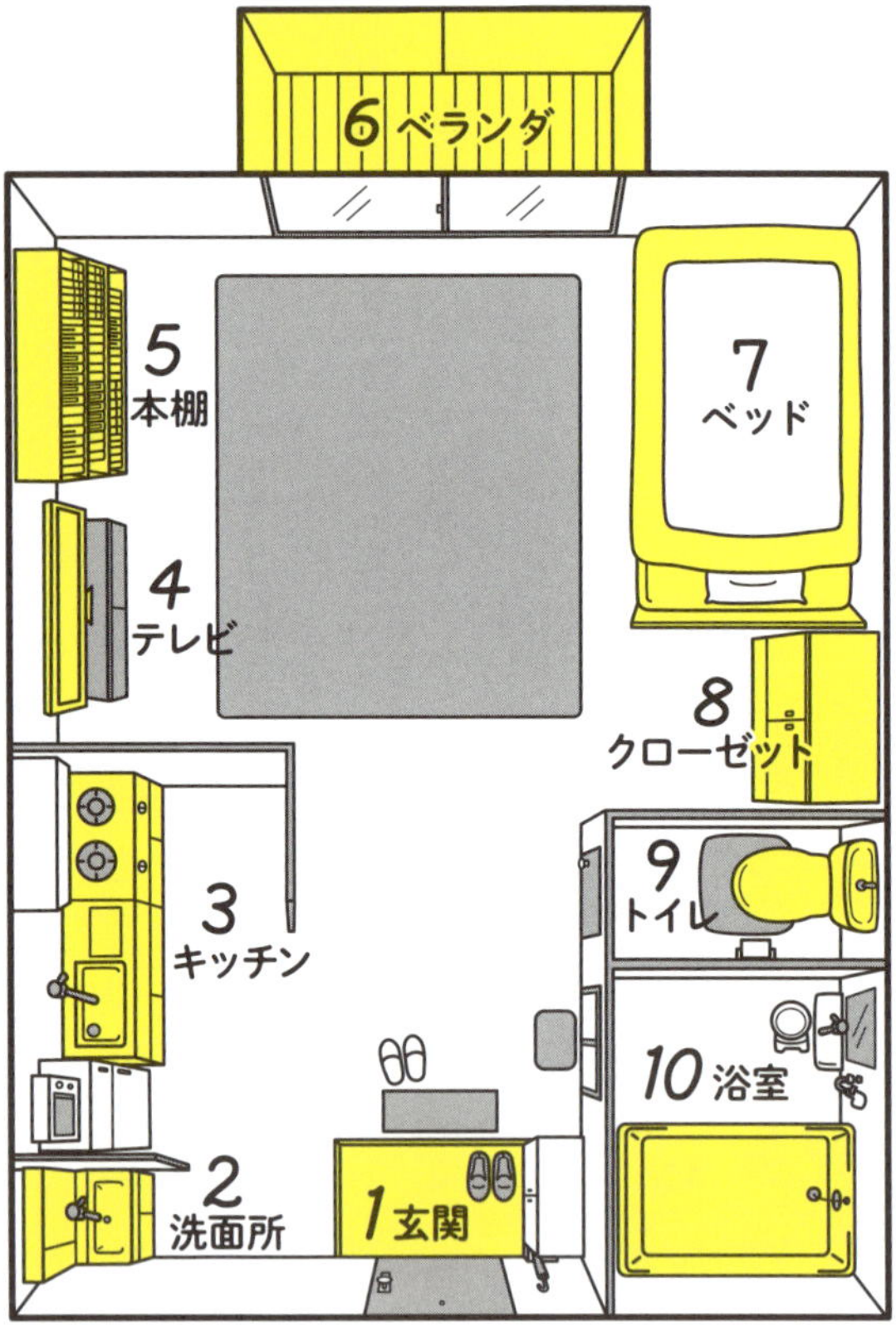

プレイスは後から追加したり、順番を入れ替えたりと修正することができるので、まずは何かルールを決めて一気に作ってしまいましょう。ルートやプレイスを設定する具体的なコツは、本章の後半、「単語を20個覚えよう！」のところで紹介していきますので、参考にしてみてください。

それでは、みなさんも実際に1ルート10プレイスの場所を作り、98ページの表に書き込んでみてください。

以上でステップ0は終わりです。場所法を使って覚えるための下準備が整いました。早く次に進みたいかと思いますが、その前に一つだけしておくことがあります。それは、プレイスを順番通りに覚えられたかチェックすることです。

チェックの仕方は簡単で、頭の中で順番に1プレイス目から10プレイス目までたどっていきます。このとき、先ほどの図のような、上から眺めた間取り図をイメージしてはいけません。

そうではなく、自分が実際にそのルートの中にいて、プレイスを順番に「歩いて」たどる様子をイメージしてください。設定したプレイスの前に自分が立っていて、そのプレイスを眺めているという妄想をするのです。この例で言うと、1プレイス目の玄関であれば、左図のようなイメージを具体的に思い描くということです。慣れないうちは目をつぶってやるとやりやすいと思います。

このようなイメージを10プレイス目まで順番にたどることができれば、場所をきちんと設定できたことになります。

自分でルールを決めて自分でプレイスを設定すれば、2~3周で必ず順番通りにたどれるようになります。何回やっても順番を思い出せない場合は、あまりなじみのない場所をルートに設定しているか、プレイスを決めるルールがあいまいになっていることがほとんどです。

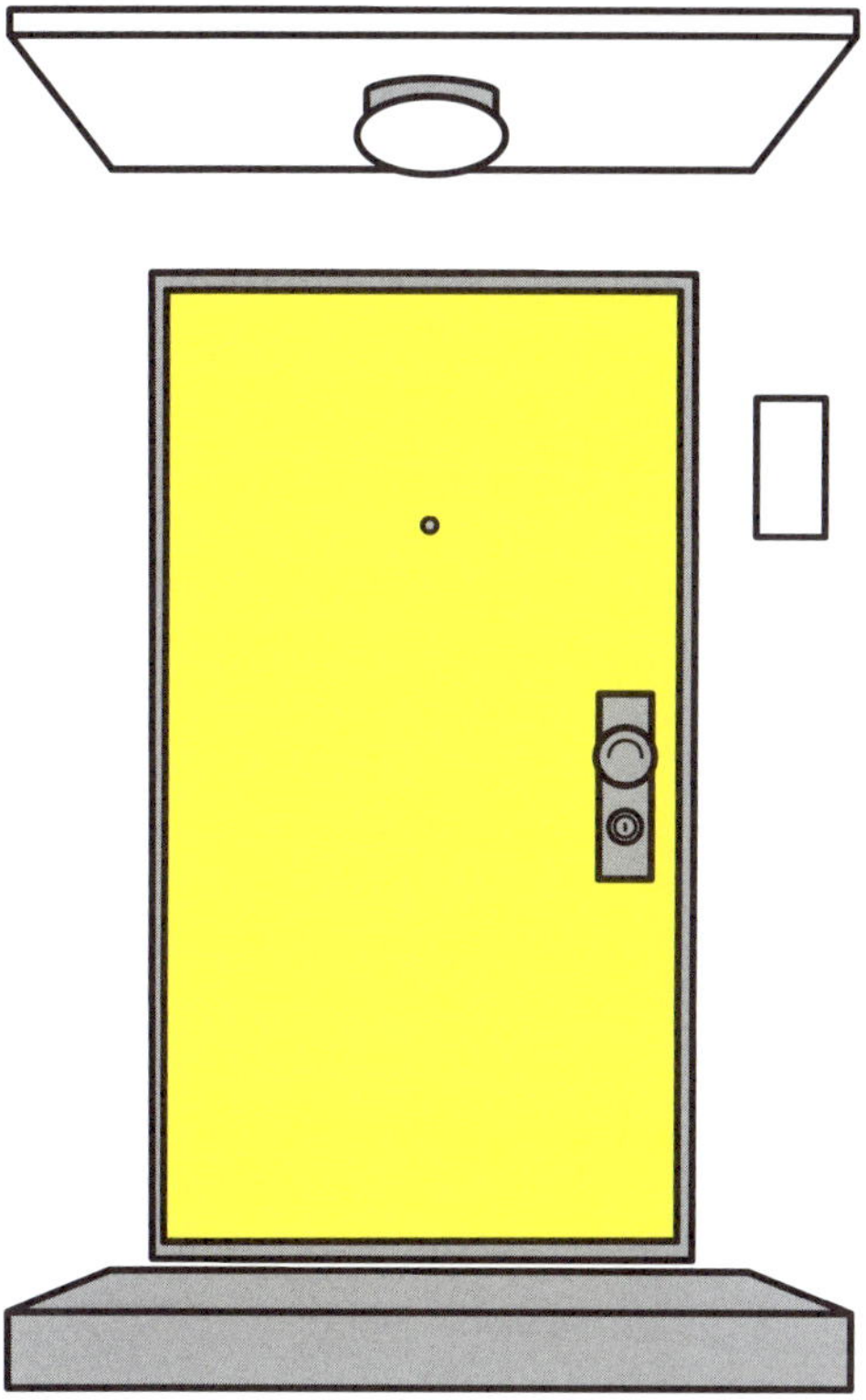

ルート：

10	9	8	7	6	5	4	3	2	1

【STEP 1】プレイスに覚えたいものを置いていく

ステップ1ではプレイスに覚えたいものを置いていきます。場所法のもっとも重要な「記憶」の部分です。

先ほど作ったワンルームの間取りの家ルートにある10プレイスを使って説明していきます。ここでは、100ページの表に挙げた10個の単語を順番とともに覚えてみることにします。前半の5つはストーリー法で覚えたものと同じです。覚え方の違いにも注目してみてください。

具体的には、1番目のものが1プレイス目に置いてある妄想をする、2番目のものが2プレイス目に置いてある妄想をする……ということを繰り返し、10番目のものが10プレイス目に置いてある妄想をするまで続けます。

やり方自体はとても簡単ですが、その置き方、妄想の仕方が非常に奥深く、より記憶に残りやすくするテクニックがあるので併せて説明していきます。

1	2	3	4	5	6	7	8	9	10
ボール	教科書	釘	氷	ネックレス	うさぎ	歯ブラシ	ハンバーグ	エアコン	花

そもそも、「ある単語がプレイスに置いてある妄想」とはどういうものなのでしょうか？　それは、単語を具体的な3次元のイメージに変換し、その単語が対応するプレイスに存在すると妄想することです。イメージに変換するというのが極めて重要で、単語を単語のまま、つまり、文字情報として扱ってはいけません。

具体例として、ワンルームの間取りの家ルートを使ってこれらの単語を覚えるとき、どういう妄想をしているか紹介します。妄想の仕方は人によって違いますし、単語から連想されるイメージも違ってくるので、まったく同じ覚え方をしなくてはいけないということではありません。

では始めましょう。

1番目の単語を見る前に、自分が1プレイス目にいる妄想をします。外から玄関のドアを眺めている様子です。イメージができたら、1番目の単語を見ます。「ボール」と書いてありますね。なので、ボールを具体的にイメージしていきます。3次元の、丸いボールです。玄関のドアに大きくて丸いボールが張り付いている様子をイメージします。現実にはあり得ないくらいの大きさです。

「玄関のドアにこんな大きいボールがあるわけないだろ！」というツッコミが聞こえてきそうです。これが非常に重要なポイントになります。つっこむということは、あり得ない状況だと思ったからであり、感情が動いたということなのです。感情が動くことで、より記憶に残りやすくなります。「嬉しい」「好き」「嫌い」「苦しい」「あり得ない」などと感じたときの記憶は強く残っているものです。それを妄想で、自分で作り上げてしまうのです。自分の感情を揺さぶるくらいのイメージ、妄想ができれば、並大抵のことでは忘れません。

コツは、覚えたいものを「めちゃくちゃ大きくする」か「めちゃくちゃ多くする」こと

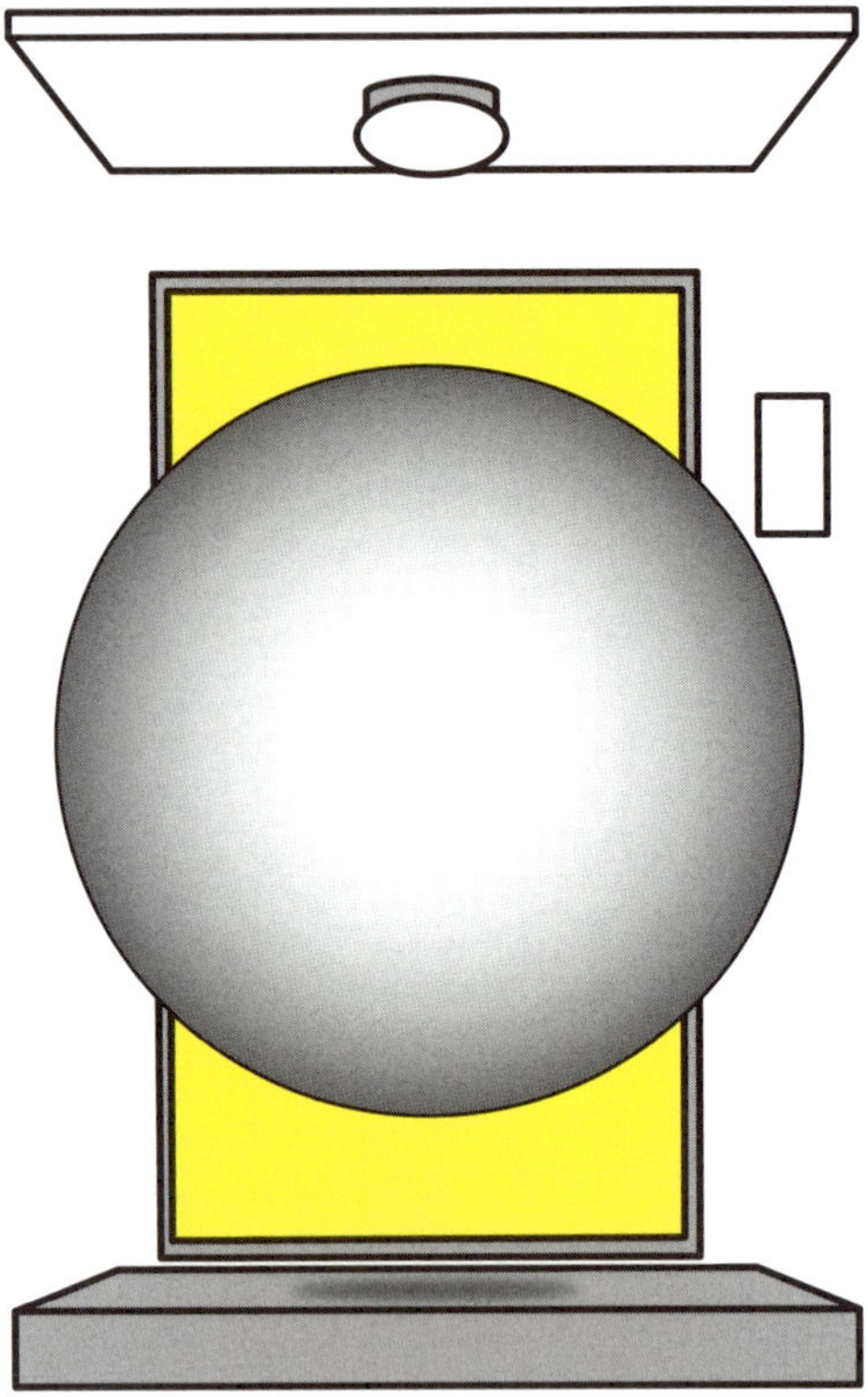

です。私も、競技で覚えにくいものがあったら、とりあえず大きくするか、数を増やします。そうすることによって、実際にはあり得ないイメージができ上がり、記憶に残りやすくなります。

では、次の単語を覚えていきましょう。先ほどと同じように、単語を見る前に2プレイス目に移動します。頭の中で、2プレイス目を具体的に思い浮かべます。このとき、プレイスからプレイスへと移動する途中の様子は妄想しなくて大丈夫です。玄関から洗面所までの動線はどうでもよいので、玄関に大きすぎるボールがある妄想をしたら、洗面所に瞬間移動して鏡をのぞき込んでいる様子をイメージします。

洗面所に着いたイメージができたら、2番目の単語を見ます。「教科書」とあるので、教科書のイメージを思い描き、洗面所に置きます。今度は大きさではなく数を増やしてみます。大量の教科書が、鏡の前に積み上がっている様子をイメージしました。104ページの図のような感じです。

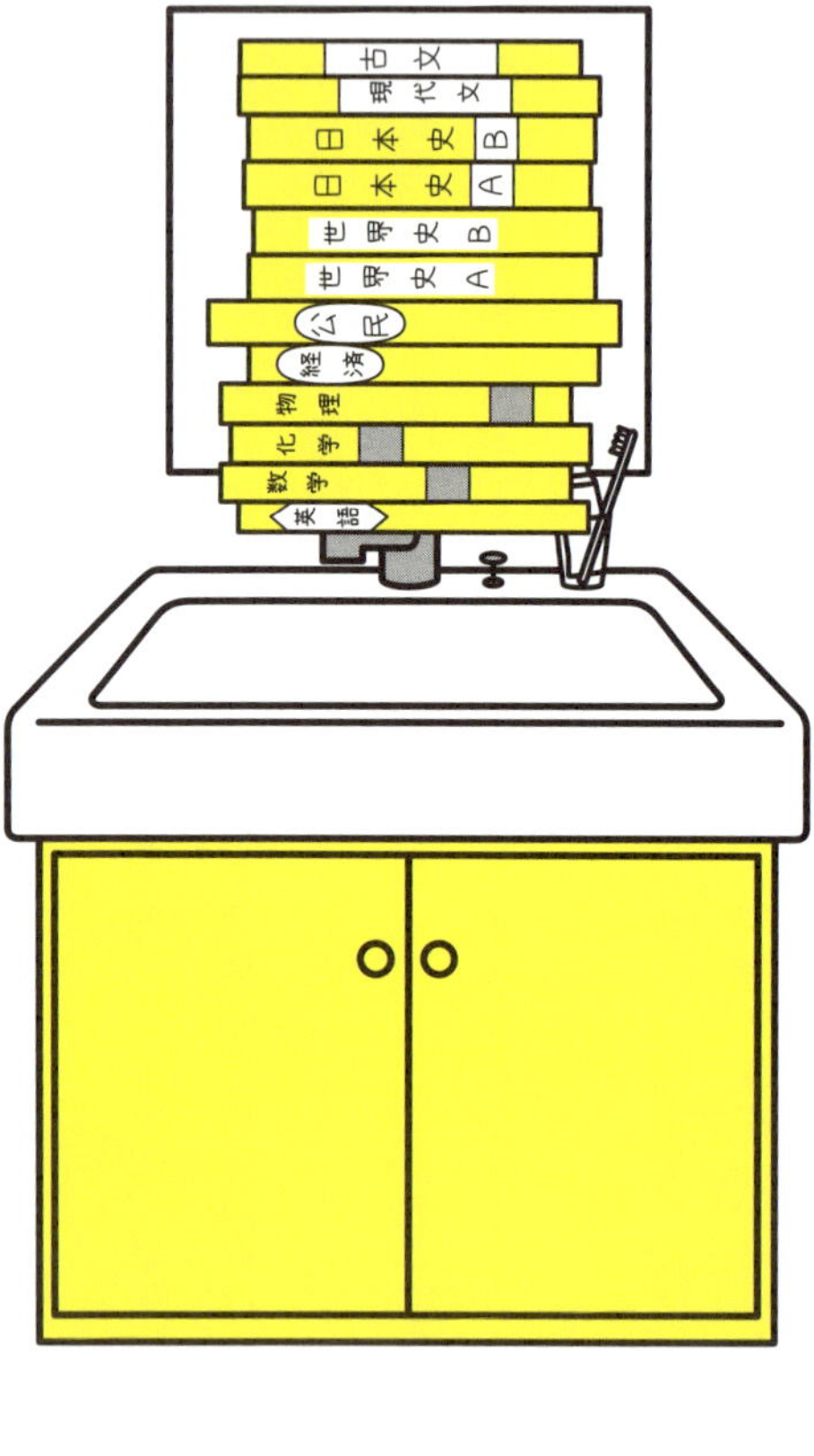
古文
現代文
日本史B
日本史A
世界史B
世界史A
公民
経済
物理
化学
数学
英語

そもそも、教科書が宙に浮いているなんてあり得ないですよね。それでよいのです。1冊の教科書が洗面所の床にぽんと置いてある様子を妄想したとしたらどうでしょう？そのようなイメージをしても、「あ、置いてあるな」と思って終わりです。納得してしまったら感情も揺さぶられず、覚えることはできません。なので、普通の置き方をイメージするのは避けるようにしましょう。


これを繰り返し、10プレイス目まで行ったら「記憶」のステップは終わりになります。

みなさん、実際に頭の中で置いていってみてください。

10個の単語をプレイスに置くことができましたか？


自信がある方は、このままステップ2に進んで覚えた単語を取り出してみましょう。

不安だなという方は、復習として今の場所をもう1周してみてください。1プレイス目まで戻って、どんな妄想をしたかを思い出してみるのです。思い出しにくいなというプレイスがあれば、より強烈なイメージに作り変えてください。

【STEP 2】プレイスを順番にたどり、覚えたものを取り出す

ステップ2は、「プレイスを順番にたどり、覚えたものを取り出す」という「想起」のステップです。

やり方はとても簡単で、覚えるために使ったルートを1プレイス目から順番にイメージして、そこにある単語を答えるというものです。やってみましょう。

まず、1プレイス目に行きます。玄関をイメージすると、ドアに大きなボールが張り付いているのが見えます。イメージが見えなかったとしたら、記憶の仕方が悪かったということです。これはもうイメージが見えるか見えないかなので、何があったか思い出そうとしてもあまり意味はありません。

1プレイス目でボールのイメージが見えたら、「ボール」と答えます。これが案外難しく、たとえば、「球」や「風船」、「サッカーボール」などと答えてしまうかもしれません。

このようなことは、イメージに変換したものを、元通りに再変換できなかったときに起こります。

イメージを単語に戻すときにどうしたら間違えなくなるのか、ということですが、これは非常に難しく、記憶力競技の選手であってもしばしば間違えます。イメージとして覚えている以上細かな言葉のニュアンスまで把握するのは難しく、仕方のないことです。日常生活で記憶術を使うのであれば、細かなニュアンスの違いがあっても差し支えありませんので、ここは割り切ってしまいましょう。

そもそも、再変換でミスが起こるというのは、単語を文字情報としてではなく、イメージとして覚えている証拠です。つまり、記憶術をきちんと使えているということです。

ステップ2の想起では、1プレイス目に行ってボールを思い出したら、2プレイス目に行って教科書を思い出す、ということを繰り返し、10プレイス目まで行ってみてください。どのくらい覚えられていたでしょうか？

きちんとイメージをして、感情を動かすおもしろい妄想ができた方は、10個すべてを楽々思い出せたはずです。

考えてみてください。記憶術を使わないで普通に覚えようとしたら、どれほどの労力がかかるでしょうか？　それを、一つも漏らさず、順番通りに答えられるというのは、とてもすごいことなのです。場所法の効果を実感いただけたかと思います。

Let's try

場所法を使って10個の単語を覚える

次の10個の単語を、場所法を使って、正確に、順番通りに覚え、答えてみてください。時間は気にしなくてかまいません。また、同じ場所を使って別の新しいものを覚えようとすると、前のイメージが残りやりづらいことがあります。そのようなときは、時間をおいてから取り組んでみてください。１２４ページからのコラムもご参照ください。

場所法練習問題① 10個の単語①

1	2	3	4	5	6	7	8	9	10
自転車	帽子	スープ	コイン	手	メダル	本	カイロ	相撲	馬

場所法練習問題② 10個の単語②

1	2	3	4	5	6	7	8	9	10
車いす	綱引き	フクロウ	アイス	着物	おみくじ	餃子	革靴	うなぎ	電球

単語を20個覚えよう！

練習問題、いかがだったでしょうか？　10個の単語を覚えられるようになったら、いよいよ目標としていた20個の単語の暗記です。

20個の単語を覚えられるようになれば、日常生活で覚える必要があるものはほぼすべてカバーすることができます。ぜひ、挑戦してみてください。

「1ルート10プレイスの場所」を使えるようになったみなさんが20個の単語を覚えるための方法は、大きく分けて2つあります。

一つは「場所（ルートやプレイス）を増やす」こと。もう一つは「一つの場所に置く単語の数を増やす」ことです。

身近な場所を使ってルートとプレイスを増やす

10プレイスまでだったものを20プレイスまで増やせば20個の単語を覚えられますね。
1ルート10プレイスの場所を、もう一つ用意するというのでもいいでしょう。ただ、場所を増やすというのは、仕組みは簡単ですが、実際やろうとすると案外難しいところもあります。記憶術を教えていて、場所法を身につけるときのいちばんのハードルだと感じているのが、ステップ0の「場所を作る」ところです。

場所を増やすにはどのようにするといいのでしょうか？

それにはやはり、身近な場所を使うことです。なかでも使いやすいのは、「家」です。自分が住んでいる家だけでなく、かつて住んでいた家、実家、祖父母の家、友達の家、恋人の家、よく泊まるホテルや旅館でもいいでしょう。家は覚えやすいようで、一度しか行ったことのない友達の家でも、部屋の構造や家具の位置を案外覚えているものです。

職場や学校も場所にしやすいものの筆頭です。現在学校に通っていなくても、かつて通っていた大学のキャンパスや高校、中学、あるいは小学校の校舎なんかも結構覚えているものです。学校は面積が広いので、一つのルートに何十や何百ものプレイスを設定することが可能です。

滞在する時間が長い場所ほど身近と言えるので、よく通うお店や、図書館、博物館、ショッピングモールや駅なども場所として使えます。身近であればあるほど、鮮明なイメージが残っていればいるほど使いやすくなります。

何よりも、自分の好きな場所をルートにすることです。私はディズニーがとても好きなので、東京ディズニーリゾートをルートに使っています。敷地も広く、特徴的な建物がたくさんあるので100以上のプレイスを設定できます。練習をするたびに頭の中でディズニーリゾートを訪れているので、もう何度訪れたか数えきれません！　しかも、毎回違った単語を置いているので、毎回違う妄想が繰り広げられています。

自分の好きな場所をルートにすれば、覚えるときも楽しめます。

似たような場所は使わないようにする

プレイスを設定するとき、似たような場所を設定するのは避けたほうがいいでしょう。

たとえば、家をルートにしたとします。そして、その家にはトイレが2つあるとします。このとき、トイレを2つともプレイスに設定してしまうと、どっちのトイレでイメージしたか、混乱してしまうのです。他にも、職場をルートにしたとき、デスクの並びを全部プレイスにしたとしても、プレイス数は稼げますが、イメージが混ざってしまい正確に覚えることはできません。

場所法を教えていると、通勤経路などの「道」をルートとして設定しようとする方がよくいます。これも避けたほうが懸命です。「この道」「次の曲がり角」「あそこの道」などをプレイスに設定しても、イメージが近くなかなか覚えられないからです。

一つのルートの中に同じようなプレイスが複数あるというのは、あまり効果的ではないのです。

また、プレイスを設定するときは、ざっくりとした場所をイメージするよりも、細かいところまでしっかりとイメージを練り上げるようにしましょう。たとえば、先ほどの例で、3プレイス目のキッチンに3つ目の単語の釘を置くとき、蛇口やガスコンロ、冷蔵庫の中などをプレイスに決めておくのです。キッチン全体をプレイスとしてしまうと、床にばらまくなどありふれた妄想をして終わってしまいます。

そうではなく、キッチンの蛇口をプレイスにしたなら、蛇口から釘がドバドバ流れてきてシンクに刺さっていくと妄想できます。これなら鮮明に覚えられそうですね。キッチンをプレイスとして使うときは毎回蛇口を使うなどと決めておき、どんな単語がきても必ず蛇口から流れ出てくるイメージにすれば簡単に、かつ鮮明に覚えることができます。私はこれを「蛇口理論」と呼んで生徒に教えていますが、効果は絶大です。

ちなみに、記憶力競技の選手はどのくらいの場所を持っていると思いますか？　私は、全部で20ルート計400プレイスくらい持っています。大会に出る選手であれば100プレイスくらいは持っているようです。トップクラスの選手の中には、数千プレイス持っているという人もいます。

一つのプレイスに置く単語の数を増やすには「2 in 1メソッド」

覚えられる量を増やすもう一つの方法は、一つのプレイスに置く単語の数を増やすことです。具体的には、一つのプレイスに、2つの単語を置くイメージをします。

つまり、1プレイス目の玄関に「ボール」と「教科書」が置いてあるイメージをして、2プレイス目の洗面所に「釘」と「氷」が置いてあるイメージをするのです。この方法を私は、「2 in 1メソッド」と呼んでいます（一つのプレイスに一つなら、「1 in 1メソッド」となります）。

2 in 1メソッドのメリットは、プレイスの消費を抑えられることです。また、一つのプレイスに2つの単語を置くことによって、片方の単語がなかなか思い出せなくても、もう片方が手がかりとなり思い出せることもあります。

デメリットは、2つの順番が分かりにくくなることです。ボールと教科書をドアに貼り付けるイメージを作っても、どちらが先に登場する単語か分かりませんね。

このデメリットを解消するためには、第3章で紹介した「ストーリー法」を組み合わせるのが効果的です。一つのプレイスの中で、2個の単語からなるストーリーを作り、覚えるのです。

たとえば、玄関でまずボールを蹴る妄想をします。そして、ドアに向かって大きなボールを蹴ったら、積み上がっていた教科書の山に当たってしまったと妄想します。覚えるべき単語が「教科書」「ボール」の順番になっていたとしたら、「ドアに大量に教科書を貼り付けて遊んでいたら、空からお仕置きのボールが降ってきた」などと妄想します。まったく違うストーリーになりますね。

単語を20個覚えるときは、プレイスを増やして20プレイスで1in1メソッドを使うか、先ほど作った10プレイスで2in1メソッドを使ってみてください。私のおすすめは、後者のやり方です。

動詞や抽象概念を覚えるコツ

覚えるべき単語は、ボールや教科書など、簡単な名詞ばかりとは限りません。動詞や抽象概念を覚えたいときには、イメージしやすいものに置き換えるのがコツです。

「走る」という動詞であれば走っているイメージがすぐに浮かびますが、「検索する」や「推測する」などの動詞はそうもいきません。そういうときは、その動詞のイメージに近いものを探します。

たとえば、「検索する」であれば、パソコンで何かを必死に調べている人をイメージします。パソコンだけをイメージするのでは動詞をうまく思い出せないので、誰かが必死になって調べている姿をしっかりとイメージしましょう。「推測する」であれば、メガネをかけた科学者が電卓を持って計算しているイメージなどでしょうか。

抽象概念も同様です。「時代」という単語であれば、時代を表す「カレンダー」や「大きな時計」をイメージしたり、「時代」という単語から連想される「少女時代」というアイドルグループや「時代という曲を歌っている中島みゆきさん」をイメージしたりするとよいでしょう。

Let's try

場所法を使って20個の単語を覚える

次の20個の単語を、場所法を使って、正確に、順番通りに覚え、答えてみてください。時間は気にしなくてかまいません。一度に全部やろうとせず、1日一つを目安に取り組んでみてください。

場所法練習問題③　20個の単語①

1	2	3	4	5	6	7	8	9	10
柔道	わたあめ	地球儀	椅子	メロン	米俵	自動車	花火	はさみ	ヨーグルト

11	12	13	14	15	16	17	18	19	20
すごろく	花束	先生	ビール	段ボール	畑	下敷き	リモコン	桜	パラソル

場所法練習問題④　20個の単語②

1	2	3	4	5	6	7	8	9	10
みかん	突っ張り棒	植木鉢	牛乳	はがき	医者	ボンド	菊	マグロ	コート

11	12	13	14	15	16	17	18	19	20
弁当	プリンター	紙袋	気球	港	サラダ油	ひまわり	消しゴム	食パン	灰皿

場所法練習問題⑤　20個の単語③　抽象概念等あり

1	2	3	4	5	6	7	8	9	10
フェリー	伝統	サボテン	成人式	炭	歌う	宇宙	トロフィー	窓	餅

11	12	13	14	15	16	17	18	19	20
アメリカ	美しい	ストレッチ	考える	しおり	会議	ねずみ	ストレス	概念	刺身

場所法練習問題⑥　20個の単語④　抽象概念等あり

番号	単語
1	説明する
2	髪の毛
3	電話
4	お年玉
5	今日
6	冷蔵庫
7	疑う
8	姉妹
9	コーヒー
10	階段
11	スキー
12	眺め
13	相談
14	図書館
15	ひらがな
16	勘違い
17	切符
18	理科
19	クリーム
20	季節

場所法練習問題⑦　20個の単語⑤　抽象概念等あり

1	2	3	4	5	6	7	8	9	10
サンドイッチ	パレット	小石	物理学者	フード	銃	反証する	再開する	傘	イーゼル

11	12	13	14	15	16	17	18	19	20
ねじる	机	スモック	毒	競技場	提携	バニーガール	遺憾	外交官	屋根裏

column

場所の使い回しとゴースト

練習問題では、同じ場所を何度も使うことになりましたね。新たに覚えようとしたとき、前のイメージが残っていて覚えにくい、と感じた方もいるかもしれません。

これは、記憶力競技の選手にも起こることです。同じ場所を繰り返し使ったときに前のイメージが邪魔することを、「ゴースト」が場所に残っていると表現することもあります。

まずは「ゴースト」が残っていたことを喜んでください。それだけ強くイメージできていたということなので、場所法を正しく使えている証拠です。

しかし、ゴーストが残っていたら、新たに違うイメージを置くときに邪魔になりますよね。しつこいゴーストは、「退治する」必要があります。

ゴースト退治の方法はとても簡単で、ただ「時間をおく」だけです。何もしないというのが正解なのです。一度使った場所をしばらく放っておけば、それだけでゴーストはいなくなります。どのくらい放っておけばよいのかは、個人差がありますが、だいたい**1回寝ればいなくなっているというのがほとんどです。**

これはつまり、一度イメージを置いた場所をその日のうちに使い回すのは、得策ではないということです。同じ日に新たに他のものを覚えたいときは、違う場所を使うのがベストです。ほとんどの場所にゴーストが残ってしまっているようなら、その日の練習は終わりにしましょう。場所が少ないうちは、1日で覚えられる量に限界があります。なので、**練習問題も慌てて1日でやらなくて大丈夫です。**

場所は一気に作って、練習は毎日少しずつ。これが場所法をマスターする鉄則です。

ちなみに、ほとんどのゴーストは1日経てばいなくなりますが、たまにずっと場所にこびりついてしまうゴーストがいます。強烈にイメージしたときや大事な場面で覚えたとき、それは現れます。私も、2年前の日本大会でキッチンに置いたお手玉のイメージが、いまだに残っています。

column

記憶術で覚えたものを長期記憶にするには

場所に一度置いただけのイメージは、1日も経てばほとんど消えてしまいます。つまり、記憶術は、1日程度の短い間覚えておくのに有効なワザということです。長期間にわたって保持しておきたい記憶は、同じ場所に置き続け、復習し続けることで忘れるのを防ぐことができます。

しかし、そうしてしまうと新たに使える場所がどんどん少なくなってしまいますね。かと言って、場所を増やし続けるのも大変です。

場所に頼ることなく記憶を長く保つためには、つまり、記憶術を使って覚えたものを長期記憶として定着させていくには、どうすればよいのでしょうか？

たくさんのものを長期間記憶しておきたい場合、「ただたくさん覚えておきたい」場合と「順番も完璧に覚えておきたい」場合とがあります。

前者はたとえば、英単語をまとめて覚えたい場合です。詳しくは第8章で紹介しますが、英単語を覚えるときは、場所を単語帳代わりに使います。場所に英単語のイメージを置いていって、頭の中に単語帳を作るのです。こうすることで、いつでもどこでも繰り返し頭の中で英単語の復習ができます。

何度か復習を繰り返し、英単語と日本語の意味を結び付けられるようになれば、もう場所は必要なくなります。きちんと覚えてしまえば単語帳がいらなくなるのとまったく同じ仕組みです。中学1年生のときに作った「apple：りんご」という単語帳をいつまでも持ち続けている人はいませんよね。

こうなってしまえば、もう場所は必要ありません。頭の中の単語帳を使わなくても、長期記憶にしっかりと刻み込まれています。

後者の、「順番も完璧に覚えておきたい」場合、これを長期記憶に定着させるためには……復習あるのみです。

ランキングを覚えたいとか、文章を暗唱したいなど、順番も完璧に覚える必要がある場合、場所を順番にたどって思い出すことを何度も繰り返します。するといつしか、「場所をたどらなくても全部思い出せる」という瞬間が訪れます。

インプットを場所法で行い、アウトプットも場所法で行っていたのが、いつの間にか何もなくてもスラスラ思い出せるという状態になるのです。口が覚えているというのと同じような感覚です。

この状態になればしめたもので、順番ごと長期記憶に定着したと言えるでしょう。

短期間で大量のものを覚えるのが得意な記憶術は、どちらかというと一夜漬け向きなのかもしれませんが、しっかりと復習を繰り返せば長期記憶として定着させることができます。

目的に応じて復習するかしないかを判断し、役立てていってください。

第5章

記憶術を使って数字を覚えるための「変換術」

数字をイメージするには？

場所法を使って、20個の単語を覚えられるようになりましたね。ところで、日常生活で覚えたいものの多くは数字の並びだったりします。数字は、どのように覚えたらいいのでしょうか？

これは、実はとても簡単なことで、単語をプレイスに置いていくのと同じ要領で数字を置いていくことで、20桁の数字を覚えられます。ただし、単語を覚えるのとまったく同じようにというわけにはいきません。

単語を覚える際は、覚えたい単語を具体的なイメージとして想像する必要がありました。単なる文字情報ではなく、「もの」としてイメージすることによって、しっかりと記憶に残るのでした。

しかし、数字というのは、具体的な「もの」としてイメージするのが難しく、たとえば、「3」という数字を見ても、すぐに何か具体的なイメージに変換することはできません。

そこで、数字を覚えるためには、数字に対してあらかじめイメージを用意する、という作業を行います。

数字をイメージに変換することができれば、単語と同じように覚えることができます。

数字を覚える3ステップ

数字の記憶に必要なステップは、次のようになります。

ステップ1：変換術を使って数字を単語に置き換える
ステップ2：単語をイメージ化する
ステップ3：ストーリー法や場所法を使って記憶する

今までとの違いは、ステップ1の、「数字を単語に置き換える」が加わることです。

たとえば、「1」という数字に対して、「煙突」と変換するというルールをあらかじめ用意しておき、そのうえでえんとつのイメージを描き、場所に置いていったり、ストーリーを作ったりします。

みなさんはすでにストーリー法や場所法を身につけているので、ステップ2とステップ3はできるようになっています。そのため、ここでは、ステップ1を詳しく見ていくことにします。

変換術を使って数字を覚えよう

すうじのうた変換表

数字を覚えるためには、あらかじめ「数字の変換表を用意しておく」ことが必要です。

変換表を一度身につけてしまえば、数字は単語よりも楽に覚えることができます。

とはいえ、変換表を作るのはなかなか大変な作業です。

ここでは、数字の形をさまざまな単語になぞらえて歌う童謡、「すうじのうた」をもとにした変換表（次ページ参照）を使うことにします。

すうじのうた変換表

数字	単語
0	月
1	煙突
2	がちょう
3	耳
4	弓矢
5	鍵
6	たぬき
7	ラッパ
8	だるま
9	おたまじゃくし

記憶術を使って数字を覚える

ではさっそく、5桁の数字「47459」を覚えてみましょう。このくらいの桁数だと、記憶術を使わなくても暗記できてしまうかもしれませんが、ここでは記憶術を使ってみることが目的です。ストーリー法でも場所法でもかまわないのですが、桁数が少ないので今回はストーリー法を使うことにします。

最初に、「47459」という数字の1桁目、「4」という数字を見ます。そして、この数字を変換表に基づいて単語に変換します。

「4」は「弓矢」なので、頭の中に弓矢をイメージします。

次に、2桁目の「7」を「ラッパ」に変換し、ラッパのイメージを思い浮かべます。そして、そのイメージが先ほどの「弓矢」とつながるようなストーリーを作ります。たとえば、「弓矢を放ったらラッパに刺さってしまった」などです。

このとき、「ラッパ」が先に出てくるようなストーリーを作ってはいけません。そうすると「74」という数字の並びを覚えたことになってしまいます。

この調子で進めていきます。3桁目は「4」なので、再び「弓矢」のイメージです。「ラッパから弓矢が続々と飛び出してきた」様子をイメージします。

このように、変換術を使って数字を覚えるときには、同じイメージが何度も出てくることがあります。混乱しやすいというデメリットがある一方で、あらかじめ決めたイメージしか出てこないため思い出しやすいというメリットもあります。

4桁目の「5」は「鍵」、最後の「9」は「おたまじゃくし」です。それぞれ、「ラッパから飛び出してきた弓矢をしまうために、箱に入れて鍵をかけた」「鍵のかかった箱の周りを大量のおたまじゃくしが泳ぎ回っている」としました。

ストーリーを全部つなげてみると、

「弓矢を放つとラッパに刺さってしまい、中から弓矢が飛び出してきた。それをしまうために箱に入れて鍵をかけると、周りを大量のおたまじゃくしが泳いだ」

というお話になります。このストーリーが「47459」という5桁の数字を表しているのです。

思い出すときにも、ひと手間加える必要があります。それは、思い出した単語を一つずつ数字に変換し直すという作業です。先ほどのストーリーを思い出し、「弓矢」だから「4」、「ラッパ」だから「7」などとしていくのです。

数字の記憶は、変換術をプラスして使うことになるので、難易度が高く感じられるかもしれません。しかし実際は、変換表に慣れさえすれば、数字のほうが単語より簡単に

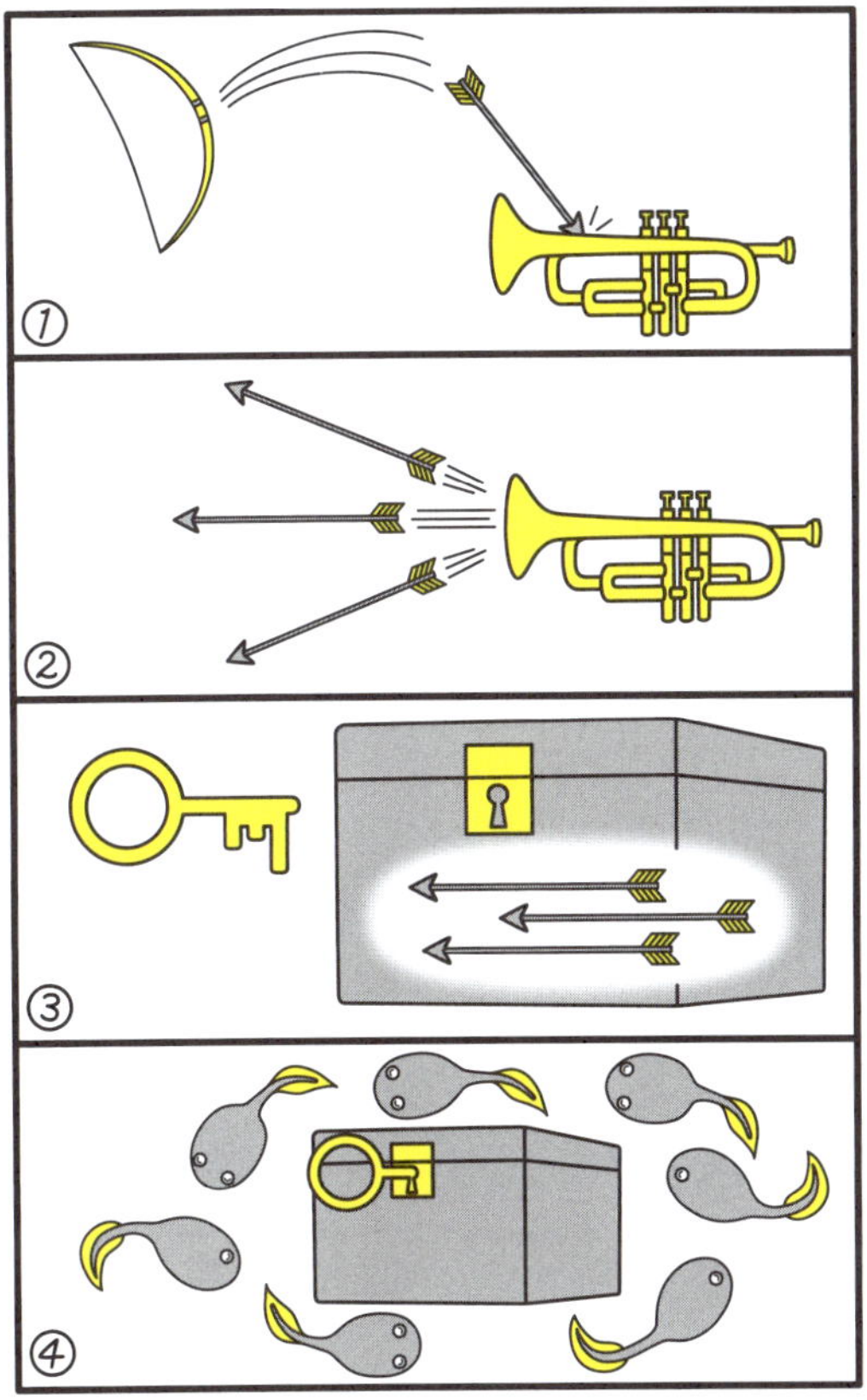
①
②
③
④

記憶できます。記憶術を使うときに、自分のイメージしやすいものだけ扱えばよいというメリットが非常に大きいからです。

私も、1分間で覚えられる単語の量はせいぜい50個くらいですが、数字なら100桁は覚えられます。世界記録も、数字のほうがはるかに多くなっています。

数字は難しそうと感じたかもしれませんが、変換表を自分で作ってみて繰り返しトライすれば必ずたくさんの量を覚えることができるようになります。諦めずに練習してみてください。

オリジナルの変換表を作るには？

すうじのうた変換表を使い続けていただいてもかまわないのですが、変換表は、自分でオリジナルのものを作ってしまうのがいちばんです。作るのは少し手間がかかりますが、コツがあります。

たとえば、「0＝ブドウ、1＝サングラス、……、9＝東京タワー」のような変換表を作ったとしても、なかなか覚えられません。なぜなら、0がブドウである理由も、1がサングラスである理由もないからです。すうじのうた変換表のように、数字と単語の間に何らかの関係があるほうがいい変換表になります。

これには大きく、2つの方法があります。

① 数字の形に対応させる

すうじのうた変換表のように、数字の形から連想される単語に置き換えるという変換方法です。「0」は丸い「ボール」、「1」は細長い「杖」などのように作っていきます。

② 語呂合わせ

歴史の年号を覚えたり、テレビコマーシャルなどで電話番号を伝えるときに使われる語呂合わせも、数字の音と単語を結び付けているという点で、いい変換方法だと言えます。0であれば、ゼロの「ゼ」や、れいの「れ」、おーの「お」などから始まる単語を選び、これを9まで順にやっていくのです。

変換表を作るときの注意点

変換表を作るときに気を付けなければいけないことがいくつかあります。それは、必ず同じルールで変換していくということ。そして、変換したあとの単語が具体的にイメージでき、それぞれが似たようなイメージにならないことです。

同じルールで変換していくとは、「0」を語呂合わせで「レモン」、「1」を形から「えんぴつ」などとはしないということです。ルールが混在していると、「この数字はどのルールで変換するんだっけ?」と混乱してしまい、変換を思い出すのに苦労することになります。

そして、変換したあとの単語は、すぐに具体的にイメージできるものを選びます。たとえば、「0」を「礼儀」に変換すると決めたとしても、「礼儀」という抽象名詞をすぐに具体的な「もの」としてイメージするのは困難です。動詞や抽象名詞に変換するのは避け、一般名詞を使うようにしましょう。

変換したあとの単語が似たようなイメージにならないというのも重要なポイントです。語呂合わせルールのもと、「0」は「レンコン」、「1」は「インゲン豆」、「2」は「ニンジン」というように野菜だけで変換表を作ると、表自体は覚えやすいかもしれませんが、実際場所に置いて記憶したあと、思い出すのがとても難しくなります。「ここに置いたのは何だったっけ。野菜だったのは思い出せるけど……」という事態に陥ってしまうのです。特徴が似ていないもの、カテゴリーや形が異なる単語を設定するようにしてください。

また、一度変換表を決めたら、何があってもその表で決めた通りに変換していきましょう。たとえば、「0」を「レモン」と決めたのであれば、プレイスに起きにくいからと「冷蔵庫」にしたり、「レンコン」にしたりしてはいけません。

では、以上の注意点を踏まえて、変換表を作ってみましょう。

オリジナルの変換表

9	8	7	6	5	4	3	2	1	0	数字
										単語

Let's try

記憶術＋変換術で10〜20桁の数字を覚える

次の数字を、記憶術＋変換術を使って、正確に、順番通りに覚え、答えてみてください。時間は気にしなくてかまいません。

変換術練習問題①
6185158198

変換術練習問題②
6521595526

変換術練習問題③
55042366417838296554

変換術練習問題④
35722392893090295059

column

数字を効率的に覚える「2桁ワンイメージ法」

ここでは、「0〜9」までの数字それぞれを単語に変換する方法（これを、「1桁ワンイメージ法」と言います）を紹介しましたが、記憶力競技の選手は、効率的に数字を覚えていくための、より高度なシステムを使っています。

その一つに、「2桁ワンイメージ法」があります。これは、「00〜99」までの数字それぞれを単語に変換することで、一つのイメージで2桁の数字を覚えてしまうという方法です。

変換表には、「00」から「99」までの計100の変換が登場することになりますが、同じ数の場所を使って覚えられる桁数を倍にすることができます。もちろん、変換表を作るのも、それを覚えるのも、1桁ワンイメージ法のときよりはるかに難しくなります。

記憶力競技を始める人にとって、最初のハードルとなるのがここです。ここを乗り越えていけば、日常生活のほぼすべての場面に対応できるようになるでしょう。また、数字を覚えるのが得意だと胸を張って言えるレベルにも達するでしょう。

もっと高度なシステムとして、「000〜999」までの数字をそれぞれ単語に変換する「3桁ワンイメージ法」、さらには、「4桁ワンイメージ法」を使っている選手もまれにいます。私はというと、「PAOシステム」というまた少し違った変換方法を応用した、「PAOOシステム」というのを自ら考案し使っています。この方法だと、一つの場所に8桁の数字を置くことができます。

このように、記憶術というのは、基礎技術の練習はもちろんですが、使うシステムの工夫によっても大きくパフォーマンスが変わってくる、奥が深いものなのです。

第6章

顔と名前を一致させる記憶術「タグ付け法」

どんなときにもっと記憶力があったらいいと思うかと聞くと、人の名前を思い出せないときという答えがいつも返ってきます。

顔と名前を一致させて覚えておくことは記憶力競技の種目にもありますが、その対策は難しいと言われています。なぜなら、今まで本書で学んできた「場所法」を使うことができないからです。

場所法は、「大量のものを順番通りに覚えるとき」にその効果を発揮します。しかし、顔と名前を覚えるときに順番は関係ありません。名前を覚えるには、「顔と名前を1対1に対応させる」というまったく異なったタイプの記憶法が求められるのです。

私は、この、人の顔と名前を一致させるという競技で日本記録を保持していて、1分間で29名、およそ2秒で1人の顔と名前を覚えることができます。このとき使っているのが、「タグ付け法」という記憶術です。競技のために私が編み出したものですが、顔と名前を一致させるだけでなく、その人の所属する会社名や肩書きなども合わせて覚えることができるため、日常生活でも役立つ記憶術です。

場所法が苦手とする部分を補う記憶術として、これをご紹介したいと思います。

タグ付け法のやり方

そもそも、なぜ人の顔と名前は覚えにくいのでしょうか？

それは、その顔の人が、その名前である必然性がないからです。私の顔と「平田直也」という名前には、何の関係もありません。この顔だから「直也」と名付けられたわけではありませんし、そもそも名字は生まれる前から決まっていました。つまり、関係がないから、覚えにくいのです。


顔と名前に何か関係があったとしたらどうなるでしょうか？

たとえば、まぶたが二重の人の名前がみな「二重」で、メガネをかけている人の名前がみな「メガネ」だったら、すぐに覚えることができますね。

もちろん、現実はそうではありません。そこで、「無理やり顔と名前に意味があるように結び付ける」という作業を行うのです。そのためには、顔の印象を一言で言い表し、それをその人の名前と関連付けるということをします。この一連の手順が「タグ付け法」という記憶術です。

タグ付け法のやり方をまとめると、次のようになります。

ステップ1：その人の顔や服装など、見た目の印象を一言で表す
ステップ2：ストーリー法を使ってタグと名前を結び付ける
ステップ3：タグを思い出し、ストーリーを再生する

【STEP 1】その人の顔や服装など、見た目の印象を一言で表す

タグ付け法の第一歩は、名前を覚えようとしている人の見た目の印象を一言で表すことです。印象を一言で表したものを、ここでは「タグ」と呼びます。SNSでの投稿や

画像にタグ付けをしていくのと同じように、その人の顔や服装から感じ取った印象にタグを付けていくのです。先ほどの、「二重」や「メガネ」などがその例です。

複数のタグを付けたほうが記憶に残りやすくなりますが、まずは一つだけで、タグ付け法を学んでいきましょう。実践しながら具体的に説明していきます。

上の写真の女性は、「佐藤」さんです。

まずは、この人の印象を一言で表します。「歯が白い」「髪型に清潔感がある」「知り合いの○○さんに似ている」など、何でもかまいません。

これらの中から、タグにするものを一つ選

び出します。ポイントは、「もう一度この人に会ったとき、選んだタグと同じダグを付けるであろうものを選ぶ」ことです。

ここでは、「歯が白い」を選択したとします。

【STEP 2】ストーリー法を使ってタグと名前を結び付ける

ステップ2では、ステップ1で選んだタグと名前を結び付けるのですが、このとき第3章で紹介したストーリー法を使います。

連想ゲームの要領で、「歯が白い」から始まって、「歯が白いと言えば○○」「○○と言えば××」「××と言えば『佐藤』」と、名前がゴールになるように考えていきます。

たとえば、こんな感じです。

「歯が白い」

↓

「歯が白いのだから、虫歯ゼロ」
↓
「虫歯ゼロだから、砂糖を食べない」
↓
「佐藤さん！」

スタートからゴールまで一本道でたどれるならば、どんな連想をしてもかまいません。余計覚えにくいのではないかと感じるかもしれませんが、ただやみくもに、「佐藤さん、佐藤さん、佐藤さん……」と頭の中で唱え続けるよりもはるかにしっかりと覚えることができます。**私たちの脳には「思い出」や「理由」があることがらをしっかりと覚える性質があるのです。**

顔の印象をタグにして名前と無理やり結び付ける「こじつけ力」が、顔と名前を覚えるときに必要な能力となります。

【STEP 3】タグを思い出し、ストーリーを再生する

タグと名前を一度しっかり結び付ければ、次に会ったときに名前を思い出せる可能性が格段に高まります。

どうやって思い出すかと言うと、まずは、その人にタグ付けをしたことがあるかどうかを確認します。タグ付けをしたことがあるということは、その人の顔を見てイメージを膨らませたことがあるということなので、案外覚えているものです。覚えたことがある人の顔だと認識できたら、次は、その人の印象を一言で表そうとします。

ここで、最初に付けたタグと同じ印象を持つことができれば、「『歯が白い』人だな、『歯が白いから、虫歯はゼロだ』『虫歯ゼロということは、砂糖は食べないんだよな』『あ、砂糖だから佐藤さんだ！』」とストーリーが自動的に再生され、名前を思い出すことができます。

タグ付け法を使いこなすテクニック

【テクニック1】タグを複数個付ける

タグ付け法の説明の中では、説明をシンプルにするためタグを一つだけにしましたが、タグを増やすことでより記憶を強固なものにできます。複数のタグのそれぞれから名前にたどり着くようなストーリーを作るのです。

付けたタグが一つだけだと、その人と次に会ったとき、今選んだタグと同じタグを付けられず、名前を思い出せないかもしれませんが、タグを複数個付けておけば、次に会ったときに付けたタグが今選んだものとヒットする確率を上げることができます。

出会った人全員に複数のタグを付けるのは大変ですが、確実に覚えておきたい人にはタグを複数付けておくようにしましょう。

【テクニック2】タグとストーリーを意識的に思い出す

その人にぴったりなタグを付けて名前とうまく結び付けたとしても、そのまま放っておいたらやがて忘れてしまいます。付けたタグやストーリーを復習しておくと、長い間覚えていられます。

復習といっても、その人と別れたあとにタグと名前を思い出すといった、手間のかかることは必要ありません。

復習は、その人が目の前にいるときにだってできるのです。

覚えたい人と会って名刺交換をしたタイミング、あるいは自己紹介されたタイミングで第一印象をタグ付けし、ストーリーを作ります。

そして、その人と会話をするたびに、あるいは、その人を見かけるたびに「白い歯の佐藤さん」と心の中で思うだけで、それが自動的に復習になり、記憶が強くなっていきます。

これだけで何度も復習したことになり、記憶がしっかりと頭に残っていきます。そうすることで、次回会ったときにすぐ第一印象として付けたタグが想起されるようになるのです。

【テクニック3】名前からタグに向かってストーリーを逆算する

タグをしっかり付けることができたら、次に磨きをかけるべきはストーリーです。

ストーリーを強固なものにするためには、スタートからゴールに至るまでのプロセスを短くします。

たとえば、「歯が白い」というタグから始まって、10も20も連想を重ねてようやく「佐藤さん」にたどり着くようなストーリーでは、どこかでつまずいてしまったときに思い出せなくなってしまいます。また、思い出すのに時間がかかってしまうという欠点もあります。目安として、2〜3回、長くても5回程度の連想でストーリーが完結するようにしましょう。

短くて印象的なストーリーを作るコツは、ゴールから逆算していくことです。

名前というのは、具体的なイメージが湧きにくいものが多く、タグから自然な連想をしてもなかなかそこにたどり着くことができません。

なので、まずは名前をよりイメージが湧きやすい別のものに結び付け（「佐藤→砂糖」など）、それとタグをつなげるようにするのです。

【テクニック4】相手に興味を持つ

最後は、テクニックというより意識の問題です。記憶術そのものをお伝えしようと、本書の中ではあえてあまり触れてこなかったのですが、覚えるときのメンタルというのは、記憶に深く関わってきます。

脳というのは、興味のないものはなかなか覚えず、興味のあるもの、自分と関係が深いものは覚えられるようになっています。

人の顔と名前について言うなら、気になるな、また会いたいな、と思った人のほうがはるかに強く記憶に残りますし、もう会わないだろうなと思った人のことは、ほとんど覚えないものです。

そこで、人の顔と名前を覚えるときには、無理やりでもいいので興味を持ってその人と接するようにするのです。この人は自分にとって大切な人だ、また会いたい、気になる、と思い込むことによって不思議と覚えられますし、その人といい関係を築くことにもつながるので、デメリットはどこにもありません。

このテクニックはすぐにでも実践できるものなので、だまされたと思ってやってみてください。

私も、大会でたくさんの人の顔と名前を覚えるときは、その全員のことを好きになって、絶対覚える、とても気になるから覚えたいという意識を持って覚えています（実際は、会ったことはもちろん、いつか会うこともない人たちなのですが……）。

Let's try

タグ付け法を使って12人の顔と名前を一致させる

顔と名前を覚えてみてください。時間は気にしなくてかまいません。

 後藤	 鈴木	 藤井
 山本	 石川	 木村
 坂本	 松田	 三浦
 小川	 佐々木	 森

column

外国人の名前を覚えるには

日本人の名前であれば、「佐藤」なら「砂糖」のイメージ、「高橋」なら「高い橋」のイメージなど、音や漢字の意味から連想をつなげやすいのですが、カタカナで表記された外国人の名前は、日本人にとっては無意味な文字の羅列になってしまうことが多く、イメージを作るのに苦労します。日常生活で外国人とよく会うという方はあまり多くないかもしれませんが、記憶力競技の大会では避けて通ることができません。そこでおすすめなのが、タグ付け法に「語呂合わせ」を組み合わせるやり方です。

「マイコ・コーリアス」という外国人の名前を覚えたいとします。最初のステップは、日本人の場合と同じく見た目の印象を一言で表してタグにすることです。「きれいな金髪」「黒目が大きい」「青い服に黄色いライン」「耳がとがっている」などでしょうか。

そして、テクニック3として紹介した「名前からタグに向かってストーリーを逆算する」というのを行います。たとえば「マイコ」という名前から連想される、「舞妓さん」を「きれいな金髪」というタグと結びつけるようにストーリーを組み立てます。「きれいな金髪」↓「派手に染めた」↓「普段とは違う格好」↓「舞妓さん」↓「マイコ」という具合です。

さて、大会ではフルネームまで覚えると高い得点が得られるので、さらに名字も覚えていきます。「コーリアス」という名前を、語呂合わせを使って「氷」と「明日」という身近な単語に言い換えてしまいます。

そして、たとえば、氷と結び付けやすそうなタグとして「青い服」、明日と結びつきやすそうなタグとして「黒目が大きい」を選び、ストーリーを作るのです。

ちなみに大会では、これらのイメージを作るのに合計で約10秒しかかけることができません。タグを複数個付けて、それぞれゴールまで結び付ける基本の作業を高速で行う必要があるのです。外国人の覚えにくい名前を高速で覚えられるようになれば、普段人と会ったときに名前を覚えるのも、スムーズに行えるようになります。

第7章

記憶術を日常生活に応用する

第3章で記憶術の基本であるストーリー法、第4章で世界最強の記憶術である場所法、第5章で数字を覚えるための変換術、そして第6章で人の顔と名前を一致させるためのタグ付け法をご紹介いたしました。

まずは記憶術を使えるようになっていただくことが目的だったので、練習問題で覚えてもらったのは、「覚えやすいカタチ」をしたものばかりで、日常生活ではまずあり得ないようなものの並びでした。「覚えにくいカタチ」をしていることが多い日常生活で覚えたいものに対して記憶術を使うのには、少し工夫を加えていく必要があります。

第7章と続く第8章では、いよいよ、日常のより具体的な状況にどう記憶術を使っていけるかということを紹介していきます。

銀行の口座番号を覚える

銀行の口座番号は7桁です。数字の羅列を覚えることになるので、「ストーリー法＋変換術」または、「場所法＋変換術」を使って覚えます。

「場所法＋変換術」で20桁の数字までを覚えられるようになったみなさんにとっては、簡単なことかもしれませんね。

ここでは、少ない桁数の数字を簡単に覚える方法として、「ストーリー法＋変換術」を使った記憶法を紹介します。

架空の口座番号、「９５３２３０７」を覚えていきます。

数字を覚えるときは、いつだって、あらかじめ決めておいた変換表に基づいて数字を

キャッシュカード

単語に変換します。ここでは、第5章で紹介した「すうじのうた変換表」を使うことにします。

まず、先頭の数字「9」を、変換表に従って「おたまじゃくし」のイメージに変換します。ここからストーリーが始まっていきます。次に、数字の「5」を「鍵」のイメージに変換し、おたまじゃくしとつなげてストーリーにします。たとえば、「おたまじゃくしが鍵を持って家のドアを開けようとしている」というのはいかがでしょうか？　コツは、情景をありありと想像できるストーリーにすることです。

次の数字は「3」です。「3」は「耳」なので、「開けたドアの先には大きな耳が片方だけ落ちていた」とストーリーを続けます。さらに、次の数字の「2」は「がちょう」なので、「耳の穴からがちょうがでてきた」とイメージします。このようにストーリーを作っていき、最終的には

「おたまじゃくしが鍵を持って家のドアを開けてみると、大きな耳が落ちていて、その中からがちょうが出てきた。がちょうは耳を澄ませて月の音を聞いていて、月ではラッパの演奏会が開かれている」

となりました。文章にすると長いですが、頭の中で映像として想像すると一瞬のできごとです。

このようにストーリーを作っていくことで、無事7桁の数字を覚えることができました。

あとは、これが銀行口座の番号であることをうまく思い出せるようにしておくだけです。そのために、記憶のとっかかりとして、銀行口座のイメージとストーリーの最初に

①
②
③
④

登場する「おたまじゃくし」のイメージをくっつけてあげましょう。

銀行口座のイメージといえばATM。そこで、ATMからおたまじゃくしが大量に出てくる情景をイメージします。こうすることで、口座番号を思い出そうとしたときに、

銀行口座
←
ATM
←
おたまじゃくし
←
おたまじゃくしが鍵を開けて……

とストーリーを思い出すことができるのです。

電話番号を覚える

電話番号は、固定電話なら10桁、携帯電話なら11桁です。ただし、電話番号の先頭の数字はいつもゼロなので、最大で10桁の数字を覚えればいいことになります。

これも数字を覚えるだけなので、口座番号を覚えるのと同じ要領です。

記憶術は、折り返しの連絡のようにその場限りで覚えたい電話番号をさっと覚えるのにも使えますし、大事な電話番号をずっと覚え続けるのにも有効です。覚え続けたい場合は、作ったイメージを何度か復習しておきましょう。

覚えたい番号が同時に複数ある場合は、番号が混在しないように覚え分けないといけません。「この人はこの場所」というように、場所ごとに覚えれば楽に覚えられますが、それほどの場所を用意するのも大変ですね。

そこで、ストーリー法を使い、覚えたい番号の人や会社のイメージから始まるストーリーを作るのがおすすめです。

たとえば、親戚のおじさんの電話番号を覚えたいときは、そのおじさんのイメージ(タグ付け法で言う「タグ」です)をまず思い浮かべます。そして、そのイメージを一つ目の単語として、ストーリーを作ってしまうのです。「その人のイメージ＋電話番号の数字」をまとめて一つのストーリーとして記憶することで、複数の番号を覚え分けることができます。

もちろん、電話番号が誰か特定の人のものでなくても大丈夫です。会社ならその会社のイメージ(代表的な商品や、会社の名前など)を一つ目の単語にしてしまいましょう。

このように、人や会社のイメージを一つ目の単語にすることで、複数の電話番号を覚え分けることができます。

クレジットカードの番号を覚える

クレジットカードの番号を覚えていると、何かと手間が省けて便利ですね。クレジットカードの番号は主に16桁。セキュリティコードまで覚えるとしたらプラス3桁で計19桁を覚える必要があります。

これも口座番号や電話番号と同じ要領ですが、桁数が多くなっている点で少しだけ難易度が上がります。

「ストーリー法＋変換術」でも、「場所法＋変換術」でも覚えられますが、それぞれにメリット、デメリットがあります。

ストーリー法のメリットは、特に準備の必要がなく手軽であることで、デメリットは、壮大な物語になってしまうことです。

場所法であれば19桁程度の数字も楽に覚えられますが、事前に場所を用意する必要がありますし、その番号を完全に覚えるまで使った場所がクレジットカード番号に専有されてしまうことになります。

ここでは、それぞれの記憶術を使って覚える方法を紹介していきます。正解はありませんので、自分に合うなと思うほうを使ってみてください。

ストーリー法を使ってクレジットカードの番号を覚える

ストーリー法を使って覚えるやり方は、銀行の口座番号を覚えるときとまったく同じです。ただ、そのストーリーがかなり長くなっていきます。

架空のクレジットカードの番号を「2701　5913　9748　7723」としましょう。セキュリティコードは「690」です。

クレジットカード

やり方は先ほどと同じなので、最終的なストーリーを紹介します。

「クレジットカードを食べているがちょうが、ラッパの中に潜っていくと、月にワープした。月の表面には大きな煙突が刺さっていて、煙の代わりに鍵が次々と出てきた。その鍵を使っておたまじゃくしを捌いていくと、体の中から煙突が飛び出してきて、もくもくと耳が空に向かっていった。耳の中から飛び出してきた大量のおたまじゃくしがラッパを奏でていると、不快に思われたのか弓矢が飛んできた。慌ててだるまが庇うと、だるまが割れて、中からラッパが

2つ出てきた。ラッパが大きな音を鳴らしてがちょうに向かって演奏をした結果、がちょうの耳は聞こえなくなってしまった」

かなり壮大な物語になってしまいましたね。さらに3桁のセキュリティコードを加えるとなると、

「耳の聞こえなくなったがちょうの代わりにたぬきがおたまじゃくしを食べていたら、罰として月に飛ばされた」

なんてストーリーを追加しなくてはいけません。

同じイメージが複数回出てくることも多く、ストーリーを作るのもそうですが、壮大なストーリーを順番通りに正しく覚えるのも、場所法に比べて難しくなります。

場所法を使ってクレジットカードの番号を覚える

場所法を使う場合、桁数が増えたとしても、場所さえきちんと用意しておけば壮大なストーリーに発展するなどということはありません。

場所法の章で利用した「ワンルームの間取りの家」を使うことにします。プレイスは、「玄関、洗面所、キッチン、テレビ、本棚、ベランダ、ベッド、クローゼット、トイレ、浴室」です。10プレイスまでしかないので、1プレイスに2つのものを置く2 in 1メソッドを使います。

それぞれのプレイスで、たとえば次のようなイメージを描きます。

・1プレイス目「玄関」

玄関でがちょうがドアを開けようとしているけれど、大きなラッパが置いてあってな

かなか開けられない

・2プレイス目「洗面所」
洗面所の鏡をのぞいてみると月が映っていて、煙突が月に刺さっていた

・3プレイス目「キッチン」
蛇口をひねると鍵が出てきて、シンクに横たわっていたおたまじゃくしに刺さってしまった

・4プレイス目「テレビ」
テレビに煙突の映像が流れており、煙ではなく人間の耳が飛び出してきた

・5プレイス目「本棚」
おたまじゃくしが棚にいてラッパを演奏している

・6プレイス目「ベランダ」
隣の家から飛んできた弓矢を一身に受け止めるだるま

・7プレイス目「ベッド」
ラッパが2つ横並びに置いてある

・8プレイス目「クローゼット」
がちょうが耳を塞いでうずくまっている

これで16桁の数字を覚えたことになります。
セキュリティコードも覚える場合は、あと2プレイス分追加します。

・9プレイス目「トイレ」
たぬきがおたまじゃくしを食べている

・10プレイス目「浴室」
大きな月が浴槽に浮かんでいる

ストーリー法に比べれば、負担が少なく覚えることができます。ただし、今回使ったルートでは、しばらく他のものを覚えることができません。プレイスをたどらなくても完全に19桁思い出せるようになれば、違うものも覚えられるようになりますが、それまではクレジットカード専用の場所にしてしまわないといけません。

場所を用意する手間がかかりますが、「銀行ルート」を新たに作り、そこをクレジットカード専用にしてしまうというのも手です。

ストーリー法、場所法どちらにもメリット、デメリットがあります。自分に合った記憶術を使って覚えてみてください。

誕生日を覚える

誕生日を覚えるのは、４桁の数字を覚えるだけなので簡単そうに思えますが、覚えたい人の顔や名前と誕生日を結び付けることも必要になってきます。そのため、数字を覚える記憶術と、顔と名前を覚える際に用いた「タグ付け法」を組み合わせていくことになります。

その人の特徴（顔や名前、好きなものなど）をタグとして、４桁の数字からなるストーリーに結び付けるというのがその具体的な方法となります。

例を挙げながら説明しましょう。

祖母の誕生日が「12月7日」だとします。このとき、覚えるべき数字は「１２７」となります。「１２０７」と4桁の数字を覚えてもいいのですが、1月だけ「01」とすれば、2月から9月までと、1日から9日までについて、「０」を省略することができ、覚えるべき桁が少なくてすみます。

まずは、祖母のイメージや特徴を一言で表し、タグ付けします。ここでは仮に「杖」としましょう。世間一般のおばあさんのイメージではなく、祖母が実際にいつも杖をついて歩いているなど、リアルな祖母の特徴でタグ付けしてください。

次に、この「杖」と誕生日を結び付けていきます。桁数も少ないので、ストーリー法を使うのがよいでしょう。たとえば、

「祖母が杖で煙突を叩いていると、中からがちょうが出てきて、ラッパでお祝いしてくれた」

というストーリーを作ります。これで、祖母と「１２７」という数字を結び付けて覚えることができました。

思い出すときは、顔と名前を一致させるときと同じ要領で、まずは祖母に付けたタグ

を思い出します。「杖」というタグを付けたなと思い出せれば、そこから続いていくストーリーを追っていくだけで誕生日を思い出すことができます。

「8月14日生まれの佐藤さん」であれば、「佐藤さん↓砂糖」とタグ付けをして、

「佐藤さんが砂糖を食べているとだるまが襲ってきて、慌てて煙突の陰に隠れたら弓矢で攻撃された」

というストーリーで覚えられます。3〜4桁しかないので、場所法を使うまでもありませんね。

ちなみに、私の誕生日は「6月6日」なので、

「平田が記憶をしている両脇をたぬきが2匹取り囲んでいる」

というイメージを作っていただければすぐに覚えられます。ぜひ覚えてください！

買い物リストを覚える

記憶術を応用した、日常生活で覚えておくと便利な数字の覚え方を紹介してきました。
ここからは、数字以外のものを中心に、日常生活に応用していく方法を紹介していきます。

まずは、買い物リストの覚え方です。買い物リストで覚えたいものは、どれも身近なものばかりなのでイメージしやすく、また、1回の買い物で必要なのは多くても十数個なので、1ルート10プレイスを使って20個のものを覚えるやり方がほぼそのまま使えます。なのでここでは、覚えやすくするコツを中心に紹介していきます。

では、さっそく見ていきましょう。

まずはリストの作成です。場所法を使えば、ランダムに並んでいようと覚えられてしまいますが、野菜、調味料、日用品などジャンルごとにまとめておいたほうが覚えやすくなります。また、カレーを作るのであれば、材料をすべてリストアップするのではなく、カレーという単語だけ覚えるようにすることでプレイスを節約することができます（カレーに必要な材料をすべて買おうとしている場合にしか使えませんが）。

買い物リスト専用の場所を用意する、というのもおすすめです。こうすることで、買い物リストはこの場所だったなと、すぐにルートを思い出すことができます。たとえば、日々の買い物の中心は食品関係になると思いますので、「キッチン」をルートに設定しておくと、ルートを思い出すのも、買うべきものを思い出すのもスムーズになります。

自宅のキッチンを思い浮かべ、ぐるっと一筆書きになるようにプレイスを設定してみてください。次ページに挙げる7つのプレイスは、多くの家のキッチンに備わっているものですのでイメージする際参考にしてみてください。

7	6	5	4	3	2	1
食器棚	冷蔵庫	電子レンジ	換気扇	コンロ	調理台	シンク

いちいちメモに書き出してプレイスに置いていくなんて手間だと思うかもしれませんが、慣れてくれば、買うべきものを思い浮かべると同時にプレイスに置いていけるようになります。リアルタイムで置いていくレベルに成長すれば、メモを取ることなく漏らさず買い物をすることができるようになります。

この、買い物リストを覚えるのと同じ方法で、プレゼン資料の順番や本のあらすじを覚えることもできます。さらに、リアルタイムで覚えたいものを置いていくレベルに達すれば、口頭で伝えられた指示や授業や講演会の内容をあとで順番に再生することもできるようになります。

レシピを覚える

レシピを覚えることができれば、料理の途中でレシピ本を何度も開く必要がなくなります。また、インターネットや料理番組で紹介されたレシピを書き留めることなく覚えてしまいたいという方も多いのではないでしょうか。

レシピは材料とその分量、調理手順から成り立っています。記憶術を応用する方法は色々ありますが、材料とその分量は場所法を、調理手順はストーリー法を使って覚えるというのがおすすめです。

たとえば、カレーを作るとします。

「タマネギ1／2個、ジャガイモ1個、ニンジン1／2個、肉200グラム、ルー2かけ、サラダ油大さじ1」が材料だとします。材料そのものは、買い物リストの記憶と同じ要領で、場所法を使えば覚えられます。このとき、2in1メソッドを使って分量を同時に覚えてしまうというのがポイントです。

たとえば、1つ目のプレイスがキッチンのシンクだとすると、まずはここにタマネギのイメージを置きます。そして、1／2個という分量をイメージ化してシンクに置きます。分数には変換術が使えないので、小数にして考えます。「0・5」なので、0と5を覚えてもいいですが、「5個」と混同することはないので、5とだけ覚えてしまいましょう。

たとえば、

「シンクの蛇口から巨大なタマネギが出てきて、それを切ったら鍵が出てきた」

というイメージを作るのです。これを繰り返すことによって、材料だけでなく分量まで正確に記憶することができます。

材料を覚えられたら、次は手順です。場所法を使ってももちろんかまわないのですが、料理の手順には意味があるため、ストーリーにしてしまったほうが覚えやすいと思います。

ストーリーにするといっても、今までやってきたような突飛な妄想をする必要はありません。キッチンに立ってレシピと同じ工程を順番に行っている様子をありありとイメージするというのが、ここでのストーリー法のやり方となります。

レシピを見て順番を覚えようとするのではなく、実際に料理しているところを想像して、イメージとして刻み付けるというのがポイントです。料理上手な人が新しいレシピをすぐ覚えてしまうのは、今までのパターンからすぐにストーリーを想像することができるからです。

レシピを覚えたら、頭の中で最初から再現してみましょう。それができるようになれば完璧に覚えることができたということになります。

「何か」を思い出すコツは、あのときの自分になりきること

買い物のよくある失敗に、すでにあるものをダブって買ってしまうということがあります。冷蔵庫の中に何があるかを記憶術を使って思い出すことができればいいのですが、記憶術というのは、意識的に「これを覚えよう」としたときに効力を発揮するものです。そのため、「同じものを買ってしまうのを防ぎたい」「冷蔵庫の中に何が入っていたか思い出したい」「昨日の晩御飯なんだったっけ」といったことを思い出すのは苦手としています。

ですが、記憶術の原理を利用することで、何も使わないよりは少しだけ、思い出しやすくすることができます。

同じものを買ってしまうのを防ぐには

物忘れを防ぐというのは、記憶術を使いづらいところです。まずは、何かを買おうとするときに、「これは前に買ったものだったかな?」と自問するクセをつけることをおすすめします。このとき、その商品を買った、あるいは使った姿を想像してみます。うまく想像できるようなら、買った可能性が高いです。反対に、まったく想像できないようなら、買っていない確率が高いでしょう。

冷蔵庫の中に何が入っていたか思い出す

冷蔵庫の中身をあらかじめ把握していれば、同じものを買ってしまうのを防ぐことができます。冷蔵庫の中をチェックし、場所法を使っていけば覚えられますが、実際は、そのような下準備の余裕はなく、買い物の途中でふと思い出したくなるものです。覚えようとしていなかったものを思い出すというのも、記憶術の苦手とするところですが、イメージ化の力を借りて、想起の手助けをすることができます。

そのためにはまず、最後に冷蔵庫を開けたのがいつなのかを思い出します。そして、どのような目的で冷蔵庫を開けたのかを考えてみてください。飲み物を飲むためなのか、朝食で余ったものをしまうためなのか。

これを思い出すことで、「思い出したい瞬間の自分になりきる」、つまり、過去の自分を追体験することができ、そのときの冷蔵庫の様子が思い出しやすくなります。

また、中身を思い出すときには、いちばん上の段に何があったか、野菜室には何が入っていたかなど、場所ごとに細かく思い出していったほうがイメージが鮮明になり、思い出しやすくなります。

昨日の晩御飯が何だったか思い出したい

意識的に覚えたのではないものを思い出すときは、先ほど紹介した「思い出したい瞬間の自分になりきる」というのが有効です。昨日の晩御飯を思い出したいのであれば、昨日の晩御飯を食べるときの自分を思い出すのです。そのとき自分は何をしていたのか、どこで御飯を食べていたのか。

それでも思い出せないときは、もう少し時間を前後させてみます。夕方何をしていて、どんなものを食べたいと思ったか。その日の午後、何をしていたのか。それは何曜日で、どんなテレビ番組を見ていたのか。食後にどのお皿を洗ったか。食後に何をしたか。

手がかりをとにかく複数思い出し、昨日の自分になりきるのです。私たちの脳は、ストーリーを記憶するのが得意なので、「昨日の晩御飯」という「点」を思い出そうとするのではなく、その前後も含めた「線」を思い出そうとするのです。

何に対して記憶術がうまく使えて、何に対してあまりうまく使えないのかということを理解することで、本書で紹介したこと以外へ応用する方法が見えてくるはずです。ぜひ、色々挑戦してみてください。

顔と名前を一致させ、さらに肩書も一緒に覚える

第6章では、記憶力競技の種目でもある顔と名前を一致させるためのタグ付け法をお伝えしましたが、さらに会社名や部署、肩書なども一緒に覚えてしまいたいというのが現実的なニーズだと思います。

顔と名前を一致させる方法が身についていれば、それを少し応用するだけですみます。**名前を出発点として、会社名や部署、肩書などの覚えたいものがゴールとなるようにさらに連想をつなげていけばよいのです。**

たとえば、「高橋さん」が「係長」だということを覚えたいとします。この場合は「高橋」という名前がタグになっていると考えます。そして、

「高い橋から落ちそうな高橋さんが、腕一本引っかかって何とか助かっている」

という情景をイメージします。そうすることで、「引っかかる」の「かかる」から、「係長」と思い出すことができます。

会社名や部署名も同じ要領です。会社名は、その会社のブランドや商品などを思い浮かべるとイメージしやすいでしょう。部署についても、経理部や法務部など、それぞれの部署が持つイメージを活用します。

経理部は札束、法務部は分厚い法律書など、あらかじめイメージを作っておけば、ストーリーを作るのが早くなります。初めて聞く会社名や部署や役職であれば、その名前からイメージされるものを思い描いたり、仕事の内容を聞いて仕事に必要なものを想像しましょう。イメージは、必ずしも正確なものである必要はありません。自分が連想をしっかり追えて、ゴールまでたどり着けるのならばどんなものでもかまいません。

第8章
記憶術を試験勉強に活かす

「記憶術を使えるようになりたい」という方の中には、学校の勉強や資格試験に活かしたいという方も多くいらっしゃいます。これらは、どちらかというと「覚えにくいカタチ」をしているので、記憶術の使い方に慣れてきてからでないと難しいところがあるかもしれません。

だからといって、記憶術が使えないわけではありません。私自身、記憶術を使って大学の試験の対策をし、すべての科目でA＋といういちばん高い成績を取ることに成功しています。

覚えたいものによって記憶術の使い方は少しずつ変わってきますが、場所法やタグ付け法を応用したものとして、英単語の覚え方を紹介します。これを参考に、覚えたいものに合わせて工夫しながら記憶術を使っていってください。

英単語を覚える

記憶術を使って英単語を記憶するのは「効果は大きいけれど、実践するのはやや難しい」ことになります。場所法とタグ付け法の両方を使うのに加え、たくさんの単語を覚えないと意味がないので、必要となる場所の数が多くなってしまうからです。

プレイス数で言うと、10が最低ラインです。2in1メソッドを使えば、20単語まで覚えられますね。小テストくらいならこれだけで十分でしょう。

場所法で覚えられるものの数は、持っているプレイスの数に比例します。ただし、1000の単語を覚えるなら500、1万の単語を覚えるなら5000のプレイスが必要というわけではありません。

英単語の記憶では同じ場所を使い回すことができます。それでもある程度のプレイスがないと対応できませんので、大学受験や資格試験のために使うのであれば、少なくとも50プレイスくらいあるのが理想的です。

英単語を覚える5ステップ

英単語を覚えるというのを、英語のスペルを見て日本語の意味が分かるようになる、あるいはその逆の、日本語の単語を英語で言えるようになることだと捉えましょう。するとこの関係性は、「顔と名前の記憶」の関係と非常に似ているということに気付きます。「英語のスペルを見て、日本語で意味を思い出す」、あるいは「日本語の単語を見て、英語で言えるようになる」という一方通行の関係があり、関連のない2つのものを結び付けることが必要となります。これに、大量のものを覚えるための場所法を組み合わせるのです。

具体的には、次のようなステップとなります。

ステップ1：英単語の意味をイメージに変換してプレイスに置く
ステップ2：タグ付けを行い、英単語と意味を結び付ける
ステップ3：プレイスをたどって英単語から意味を思い出せるかチェックする
ステップ4：覚えられていない英単語に、さらにタグを付けていく
ステップ5：すべての英単語の意味を覚えられるまで、ステップ3〜4を繰り返す

【STEP 1】英単語の意味をイメージに変換してプレイスに置く

まずは、覚えたい英単語のイメージを、一つずつプレイスに置いていきます。このステップは英単語の一覧を覚えることでもあるのですが、それぞれイメージに変換して覚えるので、「英単語を覚えている」という感覚はまったくないはずです。まずは、英単語リストの意味のイメージをすべて覚えてしまうのです。

たとえば、「doctor, complain, …」というリストを覚えたいときは、医者のイメージ

や不満を言うという動詞のイメージを置いていきます。2in1メソッドを使うなら、1プレイス目が玄関だとして

「玄関になぜか医者がたたずんでいて、ドアが開かないと不満を言いながらドアを叩いている」

とイメージをします。これを覚えたい英単語の分だけ繰り返せばステップ1は完了です。

【STEP 2】タグ付けを行い、英単語と意味を結び付ける

ステップ2では、英単語とその意味を結び付けていく作業をします。doctorという英単語を見て、それが医者という意味だと答えられるようにするためのステップです。

通常の暗記だと、ひたすらdoctor, doctor, doctor……と書いたり、音読したりして覚えようとすると思いますが、ここではタグ付け法を使います。

「doctor」というスペルからタグを作り、先ほどプレイスに置いてきた「医者のイメー

ジ」がゴールとなるようにストーリーを作るのです。

たとえば、「doctor」というスペルから、「ローマ字読みしたらドクトルだな」という印象を持ったのなら、それをタグにして、

「ローマ字読みでドクトル」

←

「毒取る」

←

「医者の仕事」

←

「医者」

などとします。語呂合わせを使うというのもよいでしょう。英単語のスペルを見て、無理やりにでも日本語の意味を思い出せるようなストーリーを作ってください。

【STEP 3】プレイスをたどって英単語から意味を思い出せるかチェックする

理論上はステップ2までで英単語を覚えられたことになります。しかし、たくさんの英単語に対してタグ付けを行ってきたこともあり、なかなか一発で覚えられるものではありません。

そこで、プレイスに置いたイメージをはじめから思い出していき、そのイメージから英語を言えるかどうかをチェックしていきます。

単語帳を1枚ずつめくって確認していくのと同じことを、脳内でやっていくのです。このステップは何も見ずに行えるので、机に向かう必要はなく、いつでもどこでも可能です。

たとえば、1プレイス目に行き、医者が不満を言っているイメージを思い浮かべます。ここで、医者を英語で言えるかどうかをチェックします。

ステップ2で、「医者が毒を取る」というストーリーを作ったな、「毒トル」だから

doctorだ、という要領です。

連想を逆にたどることになるので、顔と名前を一致させるのよりも難しく感じるかもしれません。

思い出せない英単語があれば、それをチェックしておいてください。また、そもそもプレイスにちゃんとイメージを置けていなかった場合は、もう一度イメージを置き直してください。

このステップでは、イメージから英単語を思い出せるかをチェックしています。スペルまでしっかりと思い出せるか確認するとより効果的です。これができるようになれば、英単語を見てイメージを思い出すこともできるようになるので、「英語↓日本語」「日本語↓英語」の両方ができるようになります。202ページで定義した意味での「英単語を覚える」が、見事完了というわけです。

【STEP 4】覚えられていない英単語に、さらにタグを付けていく

ステップ3でチェックしてみると、思い出せなかった単語がいくつか出てくるはずです。ここで、もう一度同じタグからストーリーを作り直してもいいのですが、もっといい方法があります。

それは、別のタグを付けることです。人の顔を覚えるときも、絶対に覚えておこうという場合にはタグを複数付けることを紹介しましたが、こうすることで、思い出すきっかけがたくさんあるほうが記憶が強固になるというタグ付け法の強みを活かすことができます。

たとえば、「doctor」という単語が覚えられなかったとします。もちろんまずは、先ほどのタグからのストーリーを復習します。次に、タグを新たに付けて、それと意味とを結び付けるストーリーを作ります。語源を調べてみたり、単語帳に載っている例文を読んでみたり、類義語や対義語を調べてみたりするとタグ付けしやすくなります。タグを新たに付けてストーリーを作るのが難しい場合は、ただタグを付けるだけでも効果が

あります。

これを、覚えられていない単語すべてについて行えば、ステップ4は完了です。

【STEP 5】すべての英単語の意味を覚えられるまで、ステップ3～4を繰り返す

ステップ4を終えたら、ステップ3に戻って、すべてのプレイスをたどり、イメージから英単語を思い出せるかチェックしていきます。思い出せないものがあったら再度ステップ4に進み、さらにタグを増やして記憶を強固にしていきます。

場所法は、頭の中の単語帳

場所法を使って英単語を覚えようとすると、「頭の中に単語帳を持っていて、いつでもどこでも復習できる」状態になります。

通常の暗記と違い、インプットだけではなくアウトプットも繰り返すことになりますので、記憶が定着しやすく、思い出せる確率も高まります。

こうして覚えた単語は、小テストレベルであれば最強に効果を発揮します。

では、今覚えた単語を、長期記憶として定着させていくにはどうしたら良いのでしょうか？

答えは、適切な時期に復習することです。

場所にただ置いただけの記憶は、通常3日も経てば半分程度忘れてしまいます。一夜漬けのために使うのであればそれでもよいのですが、膨大な量を長期間覚えておきたい場合はそうもいきません。だからこそ復習を繰り返すことで、長期記憶として定着させるのです。

復習のタイミングは、ステップ5までを完全に終え、すべて確実に覚えた状態になったら、直後にもう一度、その後は1日後、2日後、4日後、1週間後にというのがおすすめです。さらにその後、1～2か月に一度復習すれば、もっとずっと長く覚えていることだってできます。

長期記憶として定着したなと思ったら、今まで英単語が埋めていた場所を、他のものを覚えるために解放しても大丈夫です。これは、一度覚えてしまえば単語帳がなくても覚えていられるのと同じことです。

ここで紹介した方法は、単語帳を使って覚えるようなものであれば、大抵のものに使えます。

おわりに

記憶力競技をやっていてよく聞かれる質問の一つに、「日常生活のどんなことに役立つのですか？」というものがあります。私には、これに対して声を大にして言いたいことがあります。それは、「役立てようと思って競技をやっているわけではない」ということです。

記憶力競技は、その名の通り競技です。明確で公平なルールに則って争われるスポーツなのです。記憶力競技は、野球やサッカーなど体を動かすスポーツや、囲碁や将棋など頭を使う頭脳スポーツと同じものだと思っています。

野球選手に「何のためにやっているのですか？」「野球をやっていて、どんなことに役立つのですか？」などと聞く人はいませんよね。

競技を行うこと自体が目的だからです。これは、私も同じです。記憶力競技というスポーツを行うことが目的であって、今となってはそれを何かに活かそうと思ってやっているわけではありません。純粋に楽しいからやっているのです。

記憶力競技は、日本では競技者がほとんどいないマイナースポーツです。また、「記憶」というものを競う以上、余計に何か勉強や日常生活に役立つイメージがあるのだと思います。たしかに、役に立つことはたくさんあります。ただそれは、他の競技同様、競技をやった結果得られた副次的なものだと私は考えています。

たとえば、目標に向かって努力する力や自分を律する力、本番で力を発揮するメンタルや集中力だって鍛えられるでしょう。

そしてもちろん、競技で使う記憶術が日常生活で使えることに間違いはありません。ただし、競技で競っているものと、日常生活で覚えたいものは必ずしも一致しません。日常生活のために競技をやっているわけではないので当然です。そのため、どんな場面で使いたいかによって、競技で使う記憶術を応用させなければいけません。

その応用方法を示したのが本書になります。日常生活に使うためには、記憶術を応用していかなければいけないので、まずは基礎となる記憶術をしっかり説明し、そのうえでどのように応用すれば多くのニーズに応えることができるかを記しました。

「記憶力競技をやっていると、どんなことに役立つのか？」という質問に対しての、私の最大限の答えが本書です。

本音としては、「競技自体が楽しいので、役立てようと思っていません」が答えです。ですが、競技への入り口がこれである必要はないと思います。実際私自身も、別のことに役立てようと思って競技を始めました。

野球やサッカーも、はじめは「体を強くしたいから」「友達と一緒に遊びたいから」「協調性を身につけたいから」などいろんな動機があって始めるものですね。そこに正解はありません。同じように、記憶力競技を始める動機は何でもよいと思います。「集中力を高めたい」「テストに役立てたい」「何か頭脳競技をやってみたい」、全部正解です。

本書で私が紹介した「副産物」がきっかけとなり、記憶術そのものに興味を抱いてもらえる方が増えたとしたら、そして、競技を始める方が増えたとしたら、これ以上の喜びはありません。

平成31年1月　平田直也

世界最強記憶術 場所法

発行日 2019年 2月28日 第1刷
2019年 4月12日 第2刷

Author 平田直也

Illustrator 浜畠かのう
Book Designer 清水佳子

Publication 株式会社 ディスカヴァー・トゥエンティワン
〒102-0093 東京都千代田区平河町2-16-1 平河町森タワー11F
TEL 03-3237-8321（代表） 03-3237-8345（営業）
FAX 03-3237-8323
http://www.d21.co.jp

Publisher 干場弓子
Editor 堀部直人 協力：出版甲子園

Marketing Group
Staff 清水達也 小田孝文 井筒浩 千葉潤子 飯田智樹 佐藤昌幸 谷口奈緒美
古矢薫 蛯原昇 安永智洋 鍋田匠伴 榊原僚 佐竹祐哉 廣内悠理 梅本翔太 田中姫菜
橋本莉奈 川島理 庄司知世 谷中卓 小木曽礼丈 越野志絵良 佐々木玲奈 高橋雛乃

Productive Group
Staff 藤田浩芳 千葉正幸 原典宏 林秀樹 三谷祐一 大山聡子 大竹朝子 林拓馬
松石悠 木下智尋 渡辺基志

Digital Group
Staff 松原史与志 中澤泰宏 西川なつか 伊東佑真 牧野類 倉田華 伊藤光太郎
高良彰子 佐藤淳基

Global & Public Relations Group
Staff 郭迪 田中亜紀 杉田彰子 奥田千晶 連苑如 施華琴

Operations & Accounting Group
Staff 山中麻吏 小関勝則 小田木もも 池田望 福永友紀

Assistant Staff
俵敬子 町田加奈子 丸山香織 井澤徳子 藤井多穂子 藤井かおり 葛目美枝子
伊藤香 鈴木洋子 石橋佐知子 伊藤由美 畑野衣見 井上竜之介 斎藤悠人
宮崎陽子 並木楓 三角真穂

Proofreader 文字工房燦光
DTP 株式会社RUHIA
Printing 大日本印刷株式会社

ISBN978-4-7993-2428-8